철 듦 의 지 혜 로

마음 없이
자연스럽게

박종구 지음

도서
출판 **행복에너지**

철듦의 지혜로
마음 없이
자연스럽게

초판 1쇄 발행 2025년 7월 1일

지은이	박종구
발행인	권선복
편 집	한영미
디자인	서보미
마케팅	권보송
전자책	서보미
발행처	도서출판 행복에너지
출판등록	제315-2011-000035호
주 소	(157-010) 서울특별시 강서구 화곡로 232
전 화	0505-613-6133, 010-3267-6277
팩 스	0303-0799-1560
홈페이지	www.happybook.or.kr
이메일	ksbdata@daum.net

값 20,000원
ISBN 979-11-93607-93-0 (03190)

Copyright ⓒ 박종구, 2025

* 이 책은 저작권법에 따라 보호받는 저작물이므로 무단전재와 무단복제를 금지하며, 이 책의 내용을 전부 또는 일부를 이용하시려면 반드시 저작권자와 <도서출판 행복에너지>의 서면 동의를 받아야 합니다.

도서출판 행복에너지는 독자 여러분의 아이디어와 원고 투고를 기다립니다. 책으로 만들기를 원하는 콘텐츠가 있으신 분은 이메일이나 홈페이지를 통해 간단한 기획서와 기획의도, 연락처 등을 보내주십시오. 행복에너지의 문은 언제나 활짝 열려 있습니다.

철듦의 지혜로

마음 없이
자연스럽게

박종구 지음

삶과 죽음은 물론 본연의 진리에 이르기까지
인류가 그토록 찾아 헤맨 참다운 지혜, '철듦'

화제의 책

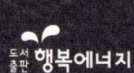

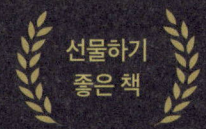
선물하기 좋은 책

글을 시작하며

인간은 삶이 완전하지 않은 것에 대하여 끊임없는 물음표를 안고 살았다. 이에 사상, 종교, 철학 등 여러 방면에서 내로라하는 인사들이 그 답을 구하고자 무던히 애를 썼다.

그러나 그 답은 빙빙 핵심의 언저리만을 스칠 뿐, 시원스럽게 드러난 적은 없다. 사상가들은 논쟁의 불씨만을 지폈을 뿐이고, 종교는 파벌만을 조장한 채로 온갖 잡다한 경에 묶여 미신의 범주에서 벗어나지 못했다. 그렇다고 해서 철학이 그러한 갈증을 풀어준 적도 없다. 어쩌다 한마디씩 던져진 것들도 인간의 마음속 허상 세계를 벗어나지 못한 것이기에 모호하기는 마찬가지다.

이에 '철듦사상'을 드러내어 인간사의 모든 물음표에 마침표를 찍고자 한다. '철듦사상'은 아주 단순하고 간단한 이치다. 별반 어려울 것도 없다. 이것 때문에, 이것을 몰라 인간 세상이 혼돈의 세상이 되었다는 것에 의아할 따름이다.

그러나 이 '철듦사상'에 접어드는 순간, 인간의 세상사는 일대 전환점을 맞이하게 된다. '철듦사상'이 삶에 스며들면 스며들수록 그동안 가지고 있던 물음표에 마침표가 찍히는 것을 점점 더 인식할 것이다.

'철듦'이란 '나라고 하는 의식이 항상 지금 여기와 일치된 상태'

를 의미한다. 풀어보면 '정신을 차리는 것, 철이 드는 것, 마음이 없음을 깨닫고 사는 것, 마음속에 갇혔음을 인식하는 것, 자연이 나임을 아는 것'과 같은 말이다.

'철듦'이 절실한 이유는 의식이 잘못된 주소지에 머물고 있으므로 삶이 연속적인 오류상태에 직면하기 때문이다. 이 오류의 해결 없이는 인간의 삶에 끊임없이 반복되는 생로병사, 희로애락의 근본적인 해결방안은 없다.

'철들다'라는 말과 '정신 차리다'라는 말은 어릴 적 귀에 딱지가 질 정도로 들었던 익숙한 말이다. 그러나 이 말에 담긴 뜻과 의미를 제대로 새기지는 못했지 싶다. 익숙한 말이기에 다 알고 있다는 생각에 별반 의미를 두지 않은 것도 사실이다. 이처럼 하찮게 흘려 버리고 있는 '철듦'이라는 영역이 어쩌면 인생의 귀중한 내비게이션이 아닐까 한다.

펼쳐진 책은 '1부 철듦으로 마음의 병! 굿바이, 2부 철듦으로 삶을 리셋하는 지혜로움, 3부 철듦으로 주워 담는 근원적 행복, 4부 철듦의 지혜로 마음 없이 자연스럽게'의 순서로 설명된다.

내비게이션의 안내에 따르듯 읽어 가다 보면, 안개에 가려서 보이지 않던 길이 훤히 드러나고 도착해야 할 목적지를 확인하게 될 것이다. 그동안 인간의 삶은 잘못된 지도가 설정된 내비게이션에 삶을 맡기고 있었는지도 모를 일이다. 그러니 복잡하고, 불완전하고, 허전하고, 답답한 지경에서 헤맬 수밖에 없었다.

우리가 찾아야 할 답은 항상 우리의 손에 쥐어져 있었다. 손에 쥐고 있던 답은 다름 아닌 '마음'과 '지금 여기'였다. 마음 마음 하면서도 마음의 실체를 몰랐고, 지금 여기에 살고 있으면서 다른 세상을 헤매고 있었다. 그 결과 잘못된 주소지에서 '마음의 병'을 짊어진 달팽이가 되어 버렸으며, 완전한 세상에 살면서도 안절부절못하는 '마음의 병' 환자의 신세로 전락한 것이다.

'마음의 병'에는 '지금 여기'만이 특효약이다. '지금 여기'라는 특효약을 처방받는 방법은 '철듦'뿐이다. '철듦'은 어릴 적부터 체득되는 것이 효과적이다.

그러나 이러한 기회는 주어진 바가 없다. 그 결과 인간은 점점 더 철드는 것과는 거리가 먼 삶의 나락으로 빠져든 것이다. 게다가 병은 발병한 다음에 치료하는 것보다는 병에 걸리지 않도록 관리하는 평상시의 건강관리가 중요하다. '철듦'도 이와 다르지 않다. 이제부터라도 '철듦'을 삶의 일부분으로 받아들였으면 좋겠다.

모쪼록 책을 통하여 '철듦사상'으로 인생의 내비게이션을 점검하는 귀중한 시간이 되었으면 하는 바람이다. 모두가 점검된 내비게이션으로 단순한 삶, 완전한 삶, 넉넉한 삶, 순수한 삶으로 안내되길 기대한다.

책은 엮어지기까지, 세심한 기획과 퇴고의 과정을 함께해주신 권선복 대표님과 한영미 님, 서보미 님을 비롯한 도서출판 행복에너지 직원 여러분들의 노고가 입혀져 드러내졌다. 그 열의와 배려에 감사를 보내며, 행복에너지의 선한 영향력이 세상을 밝게 비춰주길 기원한다.

아울러 철학아카데미에서 함께 '철듦사상'을 다듬고 있는 회원 여러분들과 시작부터 지금까지 자리를 지켜 주시고 아낌없는 조언을 해주신 최광현 선배님과 아내 김혜경 님께 지면을 빌려 깊은 감사의 말씀을 전한다.

또한, 흔쾌히 글을 다듬는 데 도움을 주신 작은아버지(박기권 님), 작은형님(박종각 장로님), 큰처남(김제곤 선생님)께도 감사할 따름이다.

끝으로 새봄과 함께 건강하게 태어난 손녀 밤톨이(박선율)에게 '철듦사상'이 움트는 순간을 선물로 전해줄 수 있게 되어 무척이나 기쁘고 흐뭇하다. "선율아! 우리 함께 철듦의 멋진 날갯짓 한 번 해보자꾸나."

2025년 5월
철듦카운슬러 **박종구**

목차

글을 시작하며 _004

1부 철듦으로 마음의 병! 굿바이

'철듦'이란?	_014
왜 철듦인가?	_019
철듦의 핵심요지	_022
나는 누구인가?	_025
마음의 실체	_028
나는 지금 어디에 있는가?	_031
나의 현재 주소는?	_034
착각이 불러온 오류	_036
마음으로	_038
마음을 위해	_040
마음의 병 - 억압과 고통	_043
마음의 병의 현황	_045
마음의 병의 증상	_048
마음의 병의 종류	_050
마음의 병의 위치	_052
마음의 병의 원인(1) - 오류와 착각	_055
마음의 병의 원인(2) - 철학의 부재	_057
마음의 병 치유(1) - 마음 정리	_059
마음의 병 치유(2) - 철듦	_061
마음의 병 치유(3) - 성장	_064
마음의 병! 굿바이	_066

2부 철듦으로 삶을 리셋하는 지혜로움

철듦사상 드러나다 _070
두 세상 _080
있음과 없음 _083
어디서 와서 어디로 가는가? _085
마음세상 _089
마음 = 없음 _093
지금 여기 세상 _097
지금 여기 세상 = 있음 _101
세상의 본질 _103
나? _106
철듦의 조건 _109
철듦생활 - 철듦 힐링테라피 _111
철듦 힐링테라피(1)-들려옴 _113
철듦 힐링테라피(2)-나타남 _114
철듦 힐링테라피(3)-움직임 _115
철듦 힐링테라피(4)-숨 쉼 _116
철듦 힐링테라피(5)-호명 _117
철듦의 LEVEL별 과정과 변화 _118
철듦의 핵심 POINT _121
철듦을 쉽게 하는 TIP _122
철듦사상의 CHECK POINT _124
철듦의 과정 정리 _128
철듦 내비게이션 _131

3부 철듦으로 주워 담는 근원적 행복

행복, 철들어 사는 재미	_138
함께 '똑! 똑!' 해요	_142
마음은 영화다	_144
마음은 오염 필터다	_146
마음은 칼그물 직조기다	_148
마음과 마음의 만남	_151
마음과 마음의 대치	_154
자존	_156
마음 없이 사는 삶 & 마음으로 사는 삶	_158
누가? 어디서?	_163
실패와 성공	_165
철듦의 양식과 마음의 양식	_167
철듦의 기본 TIP	_169
철듦의 질문	_172
우울의 실체적 진실	_174
너는 누구냐? - 중독	_176
너는 누구냐? - 스트레스	_179
너는 누구냐? - 불안	_182
길을 찾다 - 무기력 & 패닉	_185
정신줄 잡다 - 안전사고 & 교통사고	_188
학교에 가다 - 직장 번아웃	_190

4부 철듦의 지혜로 마음 없이 자연스럽게

성인이란?	_196
미신이란?	_198
마음을 놓고 살면	_200
걸림돌	_202
철딱서니	_203
목적상실	_204
양육 & 철듦	_206
어른 & 지혜	_208
도깨비방망이	_209
마음 없이 임하다	_211
용기와 지혜	_213
마음 없이 대하다	_215
마음사탄	_217
갈등과 다툼	_219
삶의 맛	_221
'똑! 똑!'해야 어른이다	_223
마음을 다하다	_225
한마음	_227
내 삶의 마지막 날	_229
우울증에서 벗어나는 꿀팁	_230
마음, 파헤치다(1)	_231
마음, 파헤치다(2)	_232
철이 들면	_234
글을 마치며	_235
출간후기	_238

1부

철듦으로 마음의 병! 굿바이

'철듦'이란?

- '의식'이 항상 '지금 여기'와 일치된 상태
- 철이 드는 것
- 정신을 차리는 것
- 자연임을 아는 것
- 마음 없음을 깨닫고 사는 것
- 마음에 갇혔음을 의식하는 것

'철듦'이라는 말은 아주 쉽고 간단한 말이고 방법 또한 지극히 단순하다. 의식과 마음이 정확하게 구분되며, 지금 여기를 제대로 알며, 마음은 없는 것이고, 내가 자연이라는 것을 알기만 하면 된다.

'철듦'의 첫 번째는 '의식이 항상 지금 여기와 일치된 상태'여야 한다는 것이다. 우리의 의식은 언제나 들려옴을 의식하고, 나타남을 의식하고, 움직임을 의식하고, 숨 쉼을 의식하고 있는 상태를 유지해야 한다. 이 상태를 유지하고 살아야 진짜 사는 것이다.

하지만 안타깝게도 우리의 의식은 마음속에서 기억을 떠올리는 생각에 빠져있고, 마음으로 그림을 그리는 상상을 하고, 마음의 느낌과 기분에 빠져서 살고 있다. 이 상태로 살기에 마음의 병에 시달리는 것이다. 지금 여기만이 답이다. 이런 이치를 깨달아야 한다. 우리가 철이 들어야 하는 이유다.

'철듦'의 두 번째는 '철이 드는 것'이다. 철이 들어야 어른이 된다. 철이 없으면 철부지인 것이다. 마음에 이끌려 사는 것은 철이 없는 것이다. 지금 여기에 정신을 차리고 사는 것이 철든 이의 모습이다.

오롯이 의식을 지금 여기에 두고 있는 삶, 마음 없음을 인정한 삶, 자연임을 알고 자연스럽게 사는 것, 이런 모습이 철이 든 어른의 삶이다.

철들어 성숙한 어른이어야 꽃을 피우고 열매를 맺을 수가 있다. 나이를 먹는다는 것은 철이 들어야 한다는 재촉임을 알아야 한다. 철들어 어른 중의 어른인, 어르신이 되어야 한다는 지상 명령인 것이다.

'철듦'의 세 번째는 '정신을 차리는 것'이다. 정신을 차리는 것은 마음속에 들어가 있는 의식을 지금 여기로 되돌림을 뜻한다. 마음은 내가 아님에도 마음을 나로 착각하며 살고 있다. 누가? 나의 의식이!

의식은 항상 지금 여기에 머물러야 한다. 왜냐하면, 이 세상에 지금 여기 말고 존재하는 곳은 없기 때문이다. 마음은 없다. 없는 곳을 헤매는 것은 바보천치가 하는 짓이다. 마음으로 하는 모든 것은 부질없는 짓임을 알아야 한다.

'철듦'의 네 번째는 '자연임을 아는 것'이다. 나는 누구인가? 나는 자연이다. 어떻게 살아야 하는가? 자연스럽게 살아야 한다. 이를 벗어나 다른 답은 없다. 있다고 하여도 답이 아니다. 왜냐하면, 진리의 답이 아니기 때문이다.

자연이면서도 자연이라는 것을 모르고 살아간다는 것은 물고기가 물을 벗어나 살겠다는 것과 같다. 물을 벗어나 물 밖에서 살 수 있는 물고기는 없다. 물고기에게 있어서 물은 생명이요, 진리요, 길이다. 우리에게도 자연은 길이요, 진리요, 생명이다.

자연임을 모르고 사는 것은 물고기가 물을 벗어나 살겠다고 고집을 피우며, 물 밖으로 나와서 숨을 쉬려고 발버둥을 치는 모습과 다르지 않다. 우리는 자연이다. 자연으로 자연스럽게 살면 된다. 마음을 붙들고 힘들다며 발버둥 치는 것은 어리석은 짓이다.

'철듦'의 다섯 번째는 '마음 없음을 깨닫고 사는 것'이다. 깨달음은 별것이 아니다. 단순하고 쉽다. 이 세상에 마음은 없다. 존재하지 않는다. 다만, 어리석은 사람만이 마음을 있는 것이라고 착각을 하며 마음으로 살기를 고집 피우고 있을 뿐이다.

마음에 실체가 있는지 없는지는 몇 가지 질문만 던져 봐도 금방 알 수가 있다. 그 마음은 어떻게 생겼나? 그 마음은 어디에 있나? 그 마음을 내보여 줄 수 있나? 그 마음은 어떤 색깔인가? 그 마음은 무게가 어느 정도인가?

세상에 드러난 것들은 모두가 실체가 있다. 실체가 없는 것은 없는 것이기에 없는 것이다. 마음이 그렇다. 깨달음은 마음이 없다는 것을 아는 것이고, 마음이 없음을 인정한 삶이 철듦이다.

깨달았다고 하는 사람들은 한결같이 내가 없다는 것을 장황하게 드러내어 이야기하려 한다. 대부분 잘못된 설명을 하고 있다. 자연을 본질로 하여 드러난 나는 정신 차린 의식으로, 지금 여기 이렇게 드러나는 것이 이치다. 있음이다. 그러므로 없다고 하는 것은 마음이 없음을 전제로 하여야 한다.

마음을 붙들고 살고 있으면서 나라고 한다. 그러나 마음은 없다. 그런데 마음을 나로 삼고 살고 있다. 그러니 내가 없을 수밖에 없는 것이다. 없는 마음을 붙들고 살고 있으니, 아무리 잘살아도 나는 없는 것이다.

마음을 있다고 착각하며 마음으로 사는 내가 없는 것이지, 마음 없이 자연으로 자연스럽게 지금 여기에 사는 내가 없다는 것이 아니다. 본질을 벗어난 삶은 아무리 잘살아도 허상이다. 오고, 살고, 가는 것이 하나라는 것을 깨달은 삶은 영원하다. 이것이 마음 없음의 이치다. 이것이 자연의 섭리다.

'철듦'의 여섯 번째는 '마음에 갇혔음을 의식하는 것'이다. 죄를 지어 감옥에 갇혔으면 감옥에 갇힌 것을 알기에 힘들어 하며 벗어나려 발버둥을 치게 되어 있다.

　이것이 살아있는 사람의 자세다. 아니, 사람만이 아니다. 미물이나 동물들도 마찬가지다. 이처럼 살아있는 모든 생명체는 자연에서 자연스럽게 살고 싶지, 갇혀서 살고 싶지 않은 것이 인지상정이다.

　하물며 미물과 동물들도 그러하거늘 사람으로서 정작 갇혀 살면서도 갇혀 사는 줄을 모르고 있으니 답답하다. 감옥인데도 감옥인 줄을 모른다. 그 감옥에 갇혔는데도 갇힌 줄을 모른다. 그러면서도 답답하고, 힘들고, 숨이 막힌다는 푸념을 하고 있다.

　이 모습이 마음을 붙들고 마음속에 갇힌 인간들의 삶이다. 이 모습을 의식하는 것이 철듦이다. 자신의 모습을 자신의 처지를 의식하고 깨달을 일이다.

왜 철듦인가?

> 나는 잘못된 주소지에서 살고 있으므로,
> 나의 삶은 연속적인 오류상태에 직면한다.

집배원이 되어 글을 쓰고 있다. 잘못된 주소지에서 살고 있다는 것을 알려 주고자 하는 일이다. 주변에서 어렵고 답답하다고 호소하는 이들의 삶을 보면 하나같이 주소를 잘못 알고 있어서 그리된 경우가 대부분이다. 게다가 한결같이 깨진 그릇을 가지고 채우려 하는 모습들이다.

나의 의식이 있어야 할 곳은 '지금 여기'라는 주소지다. 의식은 살아있는 몸과 하나여야 한다. 몸이 있는 곳, 그곳은 바로 '지금 여기'다. 그러므로 생명이 있는 몸과 의식은 언제나 '지금 여기'에 온전히 자리하고 있어야 마땅하다. 그것이 자연의 섭리이고 이치다.

그러나 나의 의식은 마음이라는 잘못된 주소지에서 살고 있다. 그러므로 나의 삶은 요동치는 마음의 속박에서 계속되는 번뇌와 망상에 시달리게 되는 것이다. 마음이라는 깨진 그릇에는 아무리 많이 채운다고 해도 채워지지 않을뿐더러, 남는 것이 없어 항상 허허로울 수밖에 없다.

자기 땅으로 알고 집을 지어 입주했다. 정원도 가꾸고 온갖 정성을 다해 관리하며 살고 있는데 자기 땅이 아니라면 어떤 일이 일어날까? 언젠가는 정성 들여 가꾼 땅을 되돌려 주어야 하며 집도 비워 줘야 한다. 이처럼 인생을 살면서 주소지가 잘못되었기 때문에 겪어야 하는 일은 부지기수로 많다.

자기가 사는 곳의 주소지가 잘못되었거나 모른다면 어떻겠는가? 생활의 불편함은 이루 말할 수 없이 많을 것이다. 우편물과 택배 등을 제대로 받지 못하는 것은 물론이거니와 내비게이션의 기능도 무용지물이 되어 버린다.

마음을 나로 알고 사는 우리의 모습이 이런 형국이다. 마음을 붙들고 사는 것은, 마음이 존재하는 것이라 믿고 사는 것은, 마음에 모든 것을 내주고 사는 것은, 내가 살아야 할 곳이 아닌 곳에서 사는 것이다. 내 땅 내 집에서 사는 것이 아니다. 내가 살아야 하는 주소지가 아닌 잘못된 주소지에 정착한 것이다.

여기에다 마음이라는 잘못된 주소지는 세상 어디에도 존재하지 않는 신기루 같은 곳이다. 도깨비에게 홀려 하룻밤을 보냈다는 옛날이야기에나 나오는 그런 곳이다. 그러므로 여기에 사는 것은 꿈을 꾸는 것이나 마찬가지다.

지금 붙들고 있는 마음은 정신을 차려 살펴보면 그 실체가 금방 드러난다. 일어나는 마음은 한 번도 같은 적이 없다. 이리 굴리고 저리 굴리고, 이 생각 저 생각, 지었다 부쉈다, 이랬다저랬다, 왔다 갔다 하면서 요동을 치고 있다.

누가 그렇게 하라고 시킨 적도 없고, 그렇게 해야 하는 이유도 없다. 마음이라는 주소지에 입주한 의식은 이렇듯 갈피를 못 잡고 헤매고 있다.

인생에 있어 주소지를 제대로 알고 있다는 것은 중요하다. 정신 차려 철이 들어야 하는 이유다. 이런 면에서 철듦은 항상 '지금 여기'라는 정확한 주소지로 안내하여 줄 것이다. 생활 속의 철듦을 실천하는 것은 정확한 지도와 주소지가 입력된 내비게이션을 장착하는 일이다.

철듦의 핵심요지

- 지금·여기에 살자
- 이 세상에 마음은 없다
- 마음은 내가 아니다
- 철들어 제대로 살자
- 마음의 병! 굿바이~

철듦은 우리의 의식을 '지금 여기의 삶'으로 안내한다. 마음속을 헤매고 있는 우리의 의식을 일깨워 준다. 지금 여기의 세상에서 자연스럽게 사는 방법을 제시한다. 쉽고, 간단하고, 명쾌하고, 간결하다.

우리의 의식은 마음을 나로 착각하여 마음속에서 살고 있다. 지금 여기에서 살지 못하고 마음으로, 마음을 위해, 마음이 시키는 대로 마음의 세상 속에서 살아가고 있다. 그 결과 삶은 복잡하고, 답답하고, 허전하게 되었다.

제대로 사는 방법은 어렵지 않다. 세상은 복잡하지도, 답답하지도, 불안하지도, 허전하지도 않다. 세상은 단순하고, 완전하다.

그러므로 정신만 똑바로 차리면 된다. 마음으로 오염된 착각을 벗어나 지금 여기를 의식하기만 하면 된다.

삶은 과거와 미래를 사는 것이 아니다. 삶은 지금 여기를 사는 것이다. 과거와 미래는 세상에 존재하지 않는다. 그것은 착각이 불러온 마음이 만든 허상의 세상일 뿐이다. 철들어 지금 여기에 사는 삶만이 진짜다.

철듦은 '이 세상에 마음은 없다'라는 것을 일깨워 준다. 인간의 삶은 마음으로 인하여 고통의 나락으로 떨어졌다. 단순함은 복잡하게, 완전함은 불완전으로, 넉넉함과 깨끗함은 답답하고 허전하게 바뀌었다.

마음은 의식이 착각하여 불러온 허상이다. 허상은 세상에 존재하지 않음을 뜻한다. 철듦은 '마음 없음'을 확연하게 제시한다. '마음이 없다'라는 것을 깨닫는 순간, 세상은 새롭게 열린다.

존재하지 않는 마음으로 더는 힘들지도, 고통스럽지도, 갈등하지도, 분별하지도 않는다. 철듦은 마음의 짐과 마음의 고통에서 벗어나는 '마음 없음의 진리'를 깨닫게 한다. 철듦을 통하여 우리는 마음이 나라는 착각에서 벗어나게 된다. 진리와도 같은 '마음 동일시'의 틀을 무너트리게 된다.

그러나 자존심으로 점철된 자신의 모든 삶이 부정되어 내팽개쳐지는 것이기에 절대 쉽지 않은 과정이다. 인간은 마음이 나라는 것에 한 번도 의문을 갖지 않고 살았다. 그렇기에 마음 없음을 인정하고, 마음으로 사는 것을 포기하기란 쉽지 않다. 아니 불가능에 가깝다고 해도 과언이 아니다. 그러므로 '마음은 내가 아니다'를 인정하기 전과 후의 삶은 비교가 어려울 정도의 변화가 나타난다.

삶의 목적은 단순하다. '철들어 제대로 살자.' 참 쉽고 간단하다. '지금 여기에 살자, 이 세상에 마음은 없다, 마음은 내가 아니다.' 이것이 철듦의 전부다. 정신 차려 의식하기만 하면 된다. 철이 들었으니 제대로 사는 것은 당연하다. 저절로, 신나게, 자연스럽게…….

철든 이에게 마음은 없다. 마음 세상이 있을 수도 없다. 원인이 없는 결과는 없다. 마음의 병은 마음이 있어 생겨난 병이다. 마음 없음이 확인되었다. 더는 마음의 병 따위가 발붙일 곳은 세상 어디에도 없다. 당연히 '마음의 병! 굿바이'일 수밖에 없다.

자! 이제 철듦의 여행을 시작해 보자. 여행은 순리에 따라 이어질 것이다. 내비게이션의 안내를 받아 따라가다 보면 자연스럽게 철듦에 물들어갈 것이다.

나는 누구인가?

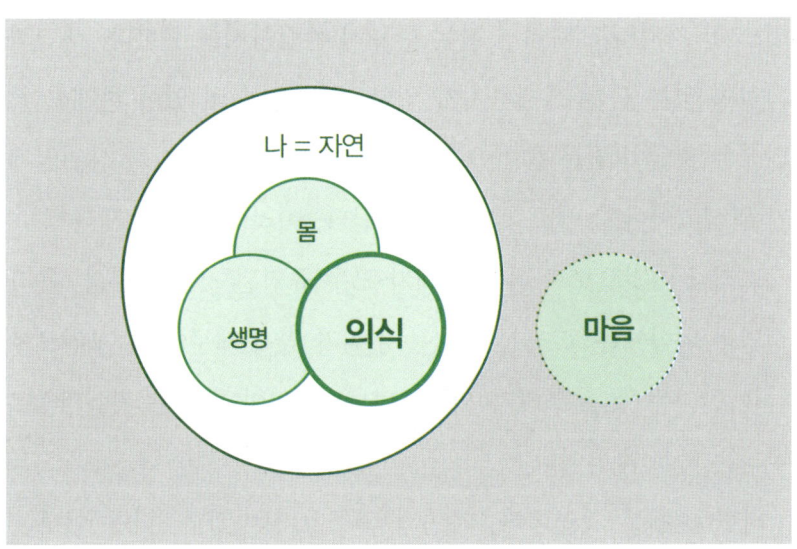

 나로 살고는 있지만 정작 나는 누구인지에 대한 물음에 선뜻 대답하기는 쉽지가 않다. 왜냐하면, 나는 나를 잘 알고 있다고 착각을 하고 있기 때문이다.
 그러나 이렇게 구체적으로 질문을 받게 되면 비로소 나는 나를 너무 모르고 있었다는 것을 자각한다. 그렇기에 답변이라고 해봐야 대부분이 자신의 이름을 말하거나, 이름에 직업과 직분을 덧붙

여 말하는 것이 고작이다. 더하여 태어난 지명과 살고 있는 지명을 엮거나, 누구누구의 상대자라는 프로필로 대신하곤 한다. 이렇듯 우리는 아이러니하게도 우리 자신을 너무 모른 채 살고 있다.

　나는 몸과 생명과 의식이 하나가 되어 나를 드러낸다. 3가지 중 어느 한 가지라도 빠지면 나는 나로서 존립하지를 못한다. 생명과 의식이 없는 몸은 존재가치가 없다. 생명은 몸이 있어 존재한다. 의식은 생명이 있는 몸이 있어 나타난다. 이렇게 진정한 삼위일체가 완성되어야만 비로소 내가 드러난다. 이것이 나란 존재다.
　그러나 이것으로 나라는 존재가 모두 규명된 것은 아니다. 몸과 생명과 의식에는 그 근본이 되는 뿌리가 있기 때문이다. 그러므로 나를 안다는 것은 뿌리가 되는 근본을 찾아야 한다는 것이다. 그 뿌리는 바로 자연이다.
　나란 존재는 자연이다. 자연과 하나로 살아간다. 나를 이루는 3요소는 몸과 생명과 의식이다. 이 3요소는 모두 자연에서 드러난 것이다. 그러므로 나라고 하는 존재는 자연에서 드러났다가 자연으로 스며드는 것이다.
　나라는 존재가 3요소로 이루어진 것은 자연이 3요소가 하나 되어 이루어졌기 때문이다. 우주 공간이 있고, 온 우주 공간은 생명 그 자체이고, 대자연 속에는 한 치의 오차도 없이 자연의 이치라고 하는 깨어있는 의식이 살아서 숨 쉬고 있다. 이러한 이치에 따라 나라는 존재가 나타난 것이다.

몸도, 생명도, 의식도, 모두 자연이 모태고 자연을 그대로 닮아 드러낸 것이 분명하다. 그러므로 우리는 자연의 이치에 따라 순리의 삶을 살아야 한다. 이것이 사람의 도리이며 숙명이다.

자연을 이루는 구성 요소는 공간(몸)과 생명과 이치(의식)이며 하나의 존재로 드러난다. 이것이 자연의 이치다. 이 하나인 3요소 외에는 그 어떤 것도 없다. 마찬가지로 나라는 존재도 몸과 생명과 의식 외에는 그 어떤 것도 없어야 한다.

그러나 안타깝게도 하나 된 3요소는 무시된 채, 마음이 나의 주축이라는 착각에 빠져있다. 우리가 나라고 굳게 믿고 있는 마음은 이 세상 어디에도 존재하지 않는다. 왜냐하면, 마음은 세상 어디에도 없기 때문이다. 그러므로 몸과 마음을 나라고 착각하는 것은 세상 이치에 맞지 않는다. 존재하지도 않는 마음이 어찌 내가 될 수가 있단 말인가.

마음의 실체

마음은 기억을 기초로 해서 형성된 생각과 상상과 감정의 '비 실존적인 집합체'로서 아무런 뜻과 의미가 없으며, 단지 '의식이 착각하여 일으킨 상념'일 뿐이다.

· 기억 : 과거의 주관적인 경험의 상념 / 현재에 없음
· 생각 : 떠올려진 기억 / 허상
· 상상 : 마음으로 그린 그림 / 허구
· 감정(기분) : 마음의 느낌 / 착각

마음 = 없다

'마음'은 기억을 기초로 해서 형성된 생각과 상상과 감정의 '비 실존적인 집합체'로서 아무런 뜻과 의미가 없다. 마음은 세상에 존재하지 않는다. 단지, 나 혼자만이 마음이 존재한다는 착각을 일으켜서 고집스럽게 붙들고 있는 허상의 잡념에 불과할 뿐이다.

우선 마음에서 가장 기초가 되는 기억만 살펴봐도 금방 알 수

가 있다. '기억'은 과거의 흔적으로서 극히 주관적인 경험의 상념일 뿐이다. 지금 여기(현재)에 없을뿐더러 자기의 입장만이 반영된 것으로 극히 주관적인 지나온 흔적에 불과하다. 지금 여기(현재)에 없음이 분명하다.

이 기억을 기본 바탕으로 해서 생각과 상상과 감정이 일어난다. 그 결과로 상·하, 좌·우, 고·저, 우·열, 미·추, 빈·부, 시·비, 내·외, 장·단, 냉·온, 호·불호, 유·무, 경·중, 선·악, 귀·천, 생·사 등 온통 분별의 세상을 만들어 낸다.

기억이 떠올려지는 것이 '생각'이다. 상념으로 떠오르고 있으니 기억이 존재한다는 착각에 빠져들지만, 그것은 의미가 없는 허상이다. 자기 혼자만이 있다는 착각으로 홀로그램과 같이 떠올려 이를 토대로 온갖 상념에 빠져든다. 슬프다 하고, 기쁘다 하고, 행복하다 하고, 우울하다 하고, 괴롭다 하고, 화를 내기도 하고, 울기도 하고, 웃기도 하고, 흥분하기도 하고, 공포에 떨기도 하고, 호기를 부리기도 하고, 괴롭히기도 하고, 짜증을 내기도 한다.

마음으로 그린 그림이 '상상'이다. 이 또한 허구로서 사실이 아닌 꾸며진 것들이다. 여타 마음의 요소들처럼 실체가 없기는 마찬가지다. 이런 상상을 잘 보여주는 것이 인간이 지어낸 신들의 모습이고, 여기에 기반을 둔 천국과 지옥이 상상의 극치가 아닐까 한다. 그래서 인간의 삶은 언제나 한 편의 영화처럼 허무하게 펼쳐지게 되어 있다. 이런 상상을 붙잡으려 하고 있으니, 삶은 언제나 답답하고 허전할 뿐이다.

마음의 느낌이 '감정(기분)'이다. 감정도 마찬가지로 존재성이 없다. 감정은 단지 착각이 일으킨 지극히 주관적인 마음의 느낌으로 지금 여기 일과는 전혀 관련이 없다. 그런데도 감정을 부여잡고 흔들어 대는 것이 우리네의 삶이다. 감정을 드러내고, 감정에 빠지고, 감정에 흔들리고, 감정을 주체하지 못하고 산다.

'마음은 없다.' 마음은 세상에 존재하지 않는다. 다만, 각 개인이 마음을 존재하는 것으로 착각하여 마음과 자신을 동일시하고 있을 뿐이다. 이러한 결과 인간은 자연성에서 멀어지게 되었고 혼란의 늪에 빠지게 된 것이다. 자기만의 마음 세상에서 허우적거리고 있는 것이다.

나는 지금 어디에 있는가?

"나는 지금 어디에 있는가?"라는 말은 "나는 누구인가?"라는 말보다 천만 배는 더 의미가 있는 말이다. 왜냐하면, 나라는 존재의 의식이 정확한 주소에 머물러 있어야만 "나는 누구인가?"라는 말에 대한 명쾌한 정답은 물론, 인류의 모든 의문과 의심이 한순간에 풀리기 때문이다.

살아 숨 쉬는 몸이 있어 나라는 의식이 태동한다. 이 나의 의식은 '지금 여기'에 있거나, '마음속'에 자리를 하고 있거나, 둘 중의 한곳에 머문다.

의식이 '지금 여기'에 머물게 되면 인간이 가진 모든 물음표는 사라진다. 왜냐하면, 지금 여기는 모든 것이 숨김이 없이 드러난 자리이기 때문이다. 반대로 의식이 '마음'에 머물게 되면 의문과 의심이 가득한 세상이 펼쳐진다.

세상은 오직 '지금 여기'뿐이다. 한순간도 '지금 여기'를 벗어난 적이 없다. 아니 벗어날 수가 없다. 왜냐하면, 세상은 오직 '지금 여기'뿐이기 때문이다. 어제의 일도 '지금 여기' 일이고, 내일의 일도 '지금 여기' 일이다. 세상의 모든 만상과 만물은 '지금 여기'를 떠나서는 존재할 수가 없다. 이것이 세상의 이치고 섭리다.

그러나 인간만이 '마음'이 존재한다는 착각에서, 의식이 '지금 여기'에 있지 못하고 자기의 '마음의 세상'에 갇혀있다.

'마음의 세상'이라고 하는 것이 세상에는 존재하지 않는다. 다만, 착각에서 비롯된 자기만의 허상일 뿐이다. 세상의 공간은 오직 '지금 여기', 무한한 허공의 존재로만 위치한다. 오직 한 공간, 오직 한 생명으로만 존재한다. 따라서 생명이 있어 의식이 있는 것들은 '지금 여기'에만 존재하는 것이 섭리다.

'마음의 병'은 의식이 주소지를 마음에 두고 있어 발병한다. 주소지를 '지금 여기'에 두고 있으면 '마음의 병'은 절대로 발병하지 않는다. 왜냐하면, '지금 여기'에는 마음이란 존재하지 않기 때문이다.

'마음의 병'은 마음이 실재하고 있다는 착각에서 비롯된 것이다. 그러므로 의식이 오롯이 '지금 여기'에만 머문다면 절대로 '마음의 병' 따위에 힘들어할 이유가 없다.

지금까지 의식을 마음으로 안내하던 내비게이션은 경로가 잘못 설정된 상태였다. 인간은 이 잘못된 내비게이션이 안내하는 대로 삶을 이어왔다. 그 결과 현재와 같은 무지막지한 마음의 세상과 마주하게 된 것이다.

착각에서 깨어나는 유일한 방법은 '철듦'이다. '철듦'으로 인생의 내비게이션을 점검할 필요가 있다. 자! 지금부터 인생의 내비게이션을 점검하는 여정을 떠나 보도록 하자.

나의 현재 주소는?

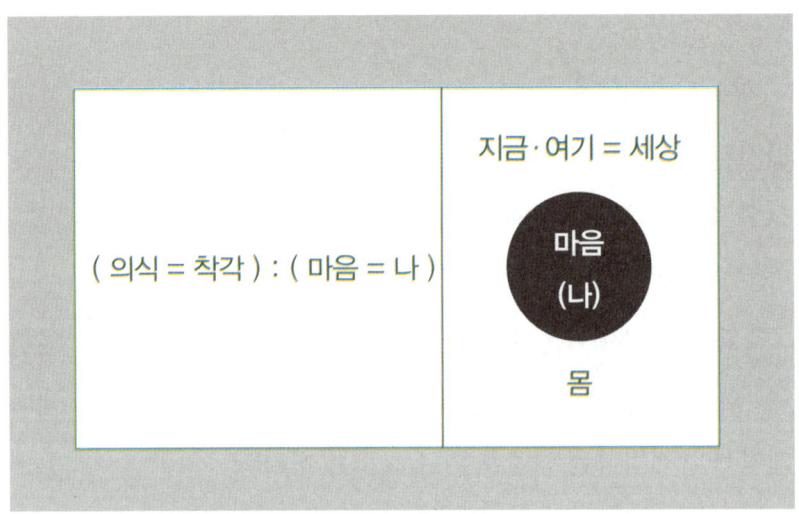

　의식이 착각해서 마음을 나로 삼아 살고 있다. 이것이 나의 모습이다. 그러나 안타깝게도 마음은 세상에 존재하지를 않는다.
　없는 마음을 나로 삼아 사는 것은 살아 봐야 허상이고 남는 것이 없는 삶이다. 그러므로 정신줄을 놓은 채, 철부지로 산다는 것은 평생을 무지개만을 좇다가 생을 마감하는 것과 마찬가지다.

　세상은 지금 여기밖에 없으므로 세상의 모든 만상 만물은 언제나 지금 여기를 의식하는 것이 당연하다. 몸은 이를 벗어나지 않는다. 지금 여기에서 자연의 숨결과 함께 호흡하고 있다.

그러나 의식은 마음을 나로 착각하여 마음 세상을 만들어 그 속에 갇혔다. 하지만 마음 세상은 없다. 다만, 나만이 존재한다고 고집을 부리고 있을 뿐이다.

생명이 있는 몸과 의식은 지금 여기, 이 세상에 존재한다. 이것이 제대로 된 나의 주소지다.

그러나 마음 세상은 존재하지 않는다. 존재하지 않기에 주소지가 없는 것은 당연하다. 존재하지 않는 곳에 주소지를 부여할 수는 없다. 당연하다. 그러므로 마음 세상을 내 세상이라고 착각하고 있는 나는 주소지가 없는 떠돌이가 분명하다.

착각이 불러온 오류

나만의 마음 세상을 만들어 살기에
항상 마음의 병에 시달리게 된다.
나만의 기준 잣대로 세상을 심판하고 있다.
지금·여기의 세상을 살지 못하고
마음으로, 마음을 위해, 마음에 따라
헛된 꿈만을 좇다가 생을 마감하게 된다.

마음이 세상에 존재한다는, 마음과 내가 하나라는, 마음과 내가 같다는, 의식의 착각이 불러온 오류는 인간의 삶에 마침표를 찍은 것과 다름없는 결과를 만들어 낸다. 나만의 마음의 세상을 만들어 갇혀 살기에 항상 마음의 병에 시달리게 된다. 나만의 기준 잣대로 세상을 심판하고 있으니, 온갖 시비분별 속에서 끊임없는 우여곡절을 겪을 수밖에 없다.

인간이 나만의 마음 세상에 갇히게 되면 지금 여기의 완전한 세상을 살지 못한다. 마음으로 보고, 듣고, 말하고, 행동한다. 의식이 지금 여기에 있지 않고 과거와 미래에 묶여 있는 마음에 있으니,

무엇을 하든지 허상만을 만든다.

  마음으로 살고, 마음을 위해 살며, 마음에 따라서 산다. 이것 또한 세상에는 존재하지 않는 마음을 위해 한 짓들이니, 당연히 허허로움만 남는다. 이렇게 인간은 마음에 매달려 헛된 꿈만을 좇다가 허망하게 생을 마감한다. 이것이 인간의 삶이다. 인간은 이러한 틀에서 벗어난 적도 없었고, 벗어나야 한다는 의식조차 없다.

  철듦은 이러한 착각이 불러온 오류에 빠진 우리의 의식을 정신 차림으로 안내한다. 성숙한 어른으로 성장하게 한다. 행복한 어른으로 다가서게 한다.

마음으로

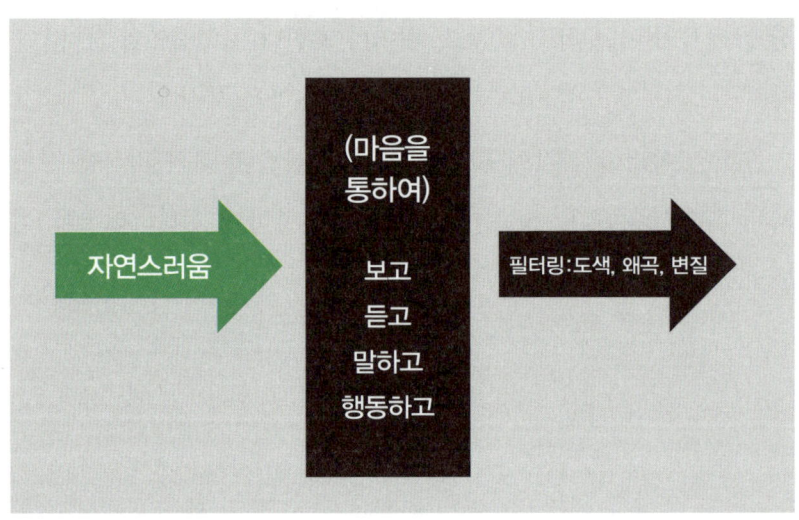

    세상은 본래 자연스럽다. 세상은 둘이 아니다. 세상은 하나다. 그러므로 세상이 자연스러운 것은 당연하다.
    그러나 마음을 가진 인간의 삶은 자연스럽지가 않다. 마음으로 세상을 보는 우를 범하고 있다. 세상을 분별하며 자기만의 마음 세상을 만들어 살고 있다. 마음 세상의 충실한 관리인으로 살고 있다. 마음 세상을 넓히고 가꾸고 지키느라 고군분투하면서 살고 있다. 이것이 마음을 가지고 사는 우리 인간의 삶이다.

마음은 거대한 기계다. 재료가 투입되면 온갖 모양의 제품을 만들어 내는 최첨단 기계다. 마음이라는 기계는 오직 자기의 마음 밖에 모른다. 모든 것을 마음을 통해서 보고, 듣고, 말하고, 행동한다. 그 결과 자연스러운 세상은 필터링되고, 색칠되고, 왜곡되고, 변질이 되어, 자기만의 마음 세상을 펼치게 된다.

마음은 없다. 세상에 마음은 존재하지를 않는다. 단지, 있다는 착각을 하고 있을 뿐이다. 그런데 사람의 마음 세상은 이 없는 것을 기본 바탕으로 해서 펼쳐진 세상이다. 그러므로 내가 사는 세상은 실제의 세상이 아닌 착각의 세상일 수밖에 없다. 그래서 세상의 모든 사람은 착각에 빠져서 사는 것이다.

마음을 위해

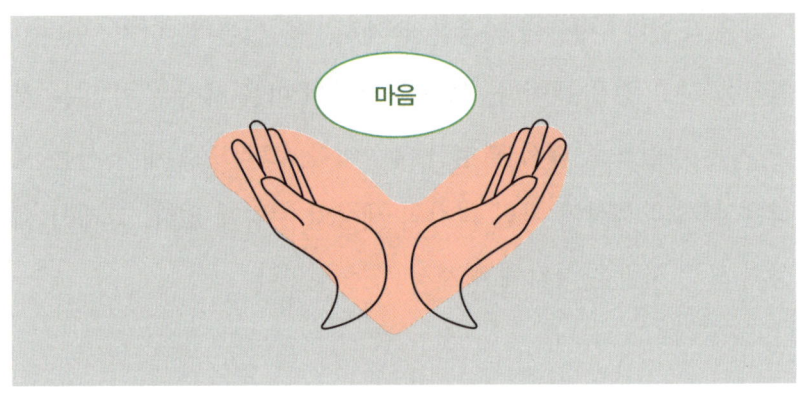

　인간의 삶은 마음이라는 단어를 떼어 놓고는 설명이 되지 않는다. 모든 일상이 마음과 한 몸처럼 밀착되어 있다. 이런 상황을 반영하듯 우리의 일상을 자세하게 들여다보면, 마음을 위해 삶의 대부분을 보내고 있음이 드러난다.

　불행하다, 무료하다, 답답하다, 우울하다, 슬프다, 언짢다, 외롭다, 괴롭다, 짜증이 난다, 심심하다, 불안하다, 겁난다고 하는 것은 마음의 상태가 그런 것이다. 그런 마음에 의식이 빙의되면 세상의 모든 상황이 그런 줄 착각하게 된다. 그 결과, 착각을 일으킨 의식은 그런 마음의 상태를 되돌리려 안달하게 된다.

마음이 행복해야 하고, 신이 나야 하고, 속이 확 풀려야 하고, 기뻐야 하고, 편안해야 하고, 즐거워야 하고, 안전해야 하므로 모든 일상을 마음을 위해 할애한다. 마음을 신줏단지 모시듯 한다. 마음이 다칠까, 마음이 힘들까, 마음이 괴로울까, 마음이 아플까 안절부절못하고 전전긍긍한다.

"자존심을 지킨다, 자존감을 높인다"라는 말이 있다. 자기 자신을 지키고 드러낸다는 좋은 의미의 말인 것 같지만 자세하게 들여다보면 그렇지가 않다. 이 말은 마음에는 손상이 가면 절대로 안 되니 목숨을 걸고서라도 지켜야 한다는, 참으로 무모하고 어처구니가 없는 말이 아닐 수 없다. 이것은 마음을 자신이라고 여기는 마음 동일시가 일으킨 엄청난 착각이다.

세상은 언제나 지금 여기뿐이다. 세상에는 목숨을 걸고 지켜내야 하는 마음 따위는 존재하지 않는다. 그러므로 자존심과 자존감은 필요하지 않다. 왜냐하면, 지금 여기는 자존심과 자존감을 내세우지 않아도 저절로 드러나고 존재하기 때문이다.

마음은 기억을 주축으로 형성된다. 그 기억을 떠올리는 것이 생각이다. 마음으로 그림을 그리는 것이 상상이다. 마음의 느낌이 감정이고 기분이다. 기억은 내가 경험했다고 하는 경험의 흔적으로서 극히 주관적이다. 그것은 아무리 설명해 봐야 객관적으로 증명할 방법은 없다. 거기에다 오래전 과거의 기억이라면 그 기억은 전혀 현실적이지도 않고, 객관성 또한 크게 떨어진다. 이 기억의 바탕에서 아무리 생각하고, 상상하고, 감정을 일으켜 봐야 남는 것은 없다. 왜냐하면, 지금 여기와는 무관한 허망한 것들이기 때문이다.

이런 상태를 유지하고 있는 것이 마음이다. 마음은 이렇게 생각하고 상상할 때 유지되고 드러난다. 마음은 의식이 지금 여기를 벗어나 마음을 자기(나)라고 여기도록 종용한다. 이것이 마음 동일시다.

이 순간부터 나의 삶은 마음의 노예 생활로 전환된다. 모든 일상이 마음을 위하는 일, 마음을 드러내는 일, 마음을 지키는 일만을 하는 마음의 노예 노릇만을 하는 것이다.

마음의 심기를 건드리는 것을 용납할 수 없으니 자존심이다. 마음이 아프면 안 되고, 마음이 불편하면 안 되고, 마음이 꼿꼿하게 살아있어야 하므로 자존감이다.

일생을 마음을 지키는 것에 매달리다 마치게 되니 허망이라고 하는 것이다. 세상에 없는, 존재하지 않는 마음을 위해 평생을 살았으니 당연한 결과다. 마음의 노예로 살면 아무리 물질의 풍요를 누리고 산다고 해도 남음이 없음은 매한가지다. 인생무상, 모든 앞서간 이들이 맨 마지막에 한결같이 하고 간 말이다.

철듦은 이를 벗어나는 지혜이고 생명이다. 철듦은 정신 차림이다. 철들어 지금 여기에 사는 것이 철듦이다. '똑! 똑!', 똑똑한 사람은 자연이 주는 소리를 알아차리고 의식을 오롯이 지금 여기에만 두고 산다. 이것이 우리의 일상이 되어야 한다.

마음의 병 - 억압과 고통

마음

집착(의미) 강도 = 100%

- 점점 좁혀지고 있는 불타는 감옥에 갇힘
- 끝없는 수렁으로 점점 빠져듦

마음의 병이란? 마음에 대하여 가지는 집착(의미)의 강도를 의미한다. 그 강도가 50%를 넘게 되면 병의 단계에 접어든 것으로 주변의 도움을 받아야 한다. 만약 이를 대수롭지 않게 여겨 마음의 집착(의미) 강도가 100%에 이르게 되면 극도의 억압과 고통에 시달리게 되며, 자칫 목숨을 위협하는 지경에 이르기도 한다.

억압과 고통을 표현하기는 어렵다. 대개는 점점 좁혀지는 불타는 감옥에 갇힌 상태로 표현하기도 하고, 끝없는 수렁으로 점점 빠져들고 있다는 표현을 하기도 한다.

근심, 걱정, 억압, 고통, 스트레스 등은 마음의 상태다. 이것들은 기억이 떠오르는 생각, 마음이 그리는 그림인 상상, 마음의 느낌인 감정과 기분일 뿐이다. 이것들은 지금 여기와는 전혀 관계가 없으며, 특별하게 의미를 부여하거나 뜻을 둘 필요가 없다. 이것이 정상적인 의식을 가진 사람들의 생활 태도다. 어쩌다 집착 강도가 있다고 하더라도 일시적으로 스쳐 지나가듯 넘어가야 정상이다.

그러나 마음의 상태에 강하게 의미를 부여하고 집착을 하는 경우, 가슴앓이라고 하는 마음의 병으로 치닫게 되어 억압과 고통을 겪게 된다. 마음의 병은 마음을 제대로 아는 것에서 치유가 시작된다. '세상에는 마음이란 없다'라는 자각이 있어야 가능하다.

마음의 병의 현황

20년 : 83만 명 21년 : 91만 명 (405만 명) 22년 : 100만 명 (건강보험 심사평가원 제공)	39분 : 1명 1일 : 36.6명 1월 : 1,112명 1년 : 13,352명 (2021년 기준 / 질병관리청)

    위의 표는 대한민국이라는 한 국가의 마음의 병을 보여주는 현황이다. 어떤 통계자료인지 한번 유추해 보자. 무슨 통계일까? 숫자만 봐서는 알기가 쉽지 않다. 그러나 단언컨대 나를 비롯하여 내 가족이나 지인들이 이 통계와 전혀 무관하다고 할 수가 없다는 것이다.

    구체적으로 접근하여 보자. 좌측의 통계는 우울증으로 치료를 받은 사람의 숫자다. 2020년 83만 명, 2021년 91만 명, 2022년 100만 명이 우울증으로 병원을 찾았음을 알 수가 있다. 2020년

83만 명이던 것이 불과 2년 만에 100만 명을 넘기고 있다.

그러나 이 통계는 정확하게 산출된 것만은 분명하지만 사회 전반적인 우울증의 상황을 반영하였다고 보기는 어렵다. 왜냐하면, 우리나라의 사회 통념상 우울증과 같은 정신 병력을 드러내는 것을 극도로 꺼리기 때문이다.

가정이기는 하지만 산출된 수치의 5배 정도가 넘는다고 봐도 무리는 아닐 것으로 판단된다. 이렇게 계산하면 100만 명이 아니라 500만 명이 된다. 경중은 있겠으나 대략 10명 중 1명이 우울증을 앓고 있다는 결론이다.

이뿐만이 아니다. 더욱 심각한 것은 2021년 통계의 405만 명이라는 숫자다. 이 수치는 우울증을 포함한 정신과 진료를 받은 전체적인 숫자로서 앞의 우울증과 같은 방식으로 추산하면 약 2,000만 명이라는 이야기가 된다. 인구 대비 두세 명 중 한 명은 정신적으로 어려움을 겪고 있다는 사실이다. 어림잡은 예상의 수치이기는 하지만 그 심각성이 가히 충격적이다.

우측의 통계는 2021년 기준으로 질병관리청이 발표한 자료다. 가슴 한쪽이 저리는 수치로서 스스로 세상을 등진 실상을 나타내고 있다. 월간 1,112명, 연간 13,352명이다. 이유는 단 하나, 마음의 병 때문이다.

마음의 병이 얼마나 심각하고 무서운지를 고스란히 보여주는 통계자료다. 어떻게 보면 인구 소멸에 있어 출산율도 중요하지만, 그에 앞서 이런 상황을 먼저 국가적으로 고민해 보는 것이 더 현명하지 않을까 한다.

세월호로 희생된 분들이 304명이다. 고귀한 분들의 안타깝고 무고한 희생에 우리 사회는 일대 변혁을 가져왔다. 사회 곳곳에 독버섯처럼 자리를 잡았던 안전 불감증, 무사안일한 자세, 도덕적 해이 등이 뿌리 뽑히는 실마리가 되었다.

이렇게 볼 때, 연간 13,352명이라는 숫자는 우리 사회가 연간 44회의 또 다른 세월호를 겪고 있는지도 모른다. 안타까운 이면을 보고 있는 느낌이다. 사회적인 주목을 받을 만한 가치가 없다는 이유만으로 이를 간과할 일은 아니지 싶다.

이처럼 마음의 병은 나의 일이고, 내 가족의 일이고, 내 주위의 또 다른 지인들의 일이다. 마음을 가지고 사는 것을 거부하지 않는 한, 그 누구도 마음의 병에서 벗어날 수가 없다. 정신을 차려야 하는 이유다. 마음의 병을 피하거나 간과하지 말고 지혜롭게 극복해 내었으면 하는 바람이다.

마음의 병의 증상

 마음의 병의 증상을 말과 글로 표현하기는 불가능하다. 그것은 '내 마음 나도 몰라'라는 마음의 특수성 때문이다. 마음이 하나이고 같으면 문제가 될 것이 없다. 그러나 마음이라고 하는 것이 각자 수천수만의 마음을 품고 있다.
 하루에도 오만 번뇌를 한다고 하니, 마음의 수를 헤아릴 수는 없다. 또 사람마다 같은 마음이 하나도 없다. 펼쳐진 인간 세상의

마음은 숫자도 그렇고 그 다양성에서도 엄청나게 많다.

　간략하게 위와 같이 마음의 병의 증상을 나열했다. 그 누구도 이런 증상에서 벗어날 수 없다. 삶 자체가 온통 마음의 병 증상을 일으키기 때문에 그렇다. 이를 통칭해서 많이 쓰는 말이 스트레스라는 표현이다.

　시조의 한 구절에 "다정도 병인 양하여 잠 못 들어 하노라"라는 말이 나온다. 옛말인 다정을 지금의 말로 바꾸면 사랑이다. 사랑이 마냥 좋기만 한 것이면 좋으련만 그렇지가 않다. 과하면 상사병이고, 집착이면 의처증과 의부증이고, 일방적이면 스토커가 되고, 적으면 결핍이고, 넘치면 과잉이 된다. 이렇게 사랑이라는 한 부분만 살펴봐도 난해하다. 이러하거늘 마음이 수천수만인데, 그 펼쳐지는 삶은 어떻겠는가?

　마음의 병은 남의 이야기가 아니다. 증상이 있고 병명이 있으면 환자다. 그러므로 마음을 붙들고 헤매고 있는 한, 우리는 모두 마음의 병을 앓는 환자다. 단지 환자라는 것을 모르고 있거나 이를 거부하고 있을 뿐이다.

　마음의 병은 치료가 아니고 치유를 통하여 극복된다. 치유는 마음의 병을 앓고 있는 환자라는 것을 인정하는 사람만이 가능하다. 이를 모르거나 거부하게 되면 치유는 불가능하다. 이것이 마음의 병을 치유하는 첫 번째 관문이다.

마음의 병의 종류

　열거된 병명은 속칭 마음과 관련된 병들이다. 의학적으로 분류한 마음의 병은 다양하게 많기도 하지만 매우 복잡하다. 신체적인 이상에서 기인한 것일 수도 있지만, 대부분은 마음의 문제에서 비롯된 것이라고 해도 과언이 아니다.
　이렇듯 우리는 마음의 지배를 받고 있으며, 때때로 병에 시달리는 상태에 놓여서 살고 있다. 그러나 아이러니하게도 이런 상태에 놓여 있으면서도 마음에 대한 인식은 매우 낮은 편이다.

증상이 있어 마음의 병이라는 진단이 내려지면 대부분은 약물 치료를 받게 된다. 아픈 곳은 몸이 아니라 마음이다. 좀 더 자세히 들여다보면 마음도 아니다. 마음을 나로 착각하고 있는 의식이 힘들어하는 것이다. 그런데 정작 약을 먹고 치료를 받게 되는 대상은 몸이다.

그러나 안타깝게도 몸에 투여된 약은 몸에는 크게 작용을 하지만, 마음을 붙들고 있는 의식에는 그다지 영향력을 미치지 못한다. 약의 영향으로 몸이 무기력해져서 일시적으로 효과가 있는 것처럼 보인다. 하지만 그 원인을 찾아서 치유하는 근본적인 해결책은 되지 못한다.

몸은 약으로 치료를 받을 수가 있지만, 의식은 그렇지가 않다. 의식의 치료 약은 정신 차림이다. 정신 차림은 그 어떤 약보다도 마음으로 힘들어하는 의식을 마음으로부터 분리해 낸다. 마음을 나로 알고 있는 마음 동일시에서 의식을 단박에 구해낸다.

철이 드는 것이 철듦이다. 정신을 차리는 것이 철듦이다. 철든 이에게 마음의 병은 없다. 그러니 철듦은 마음의 병을 완벽하게 치유하는 특효약이 분명하다.

마음의 병의 위치

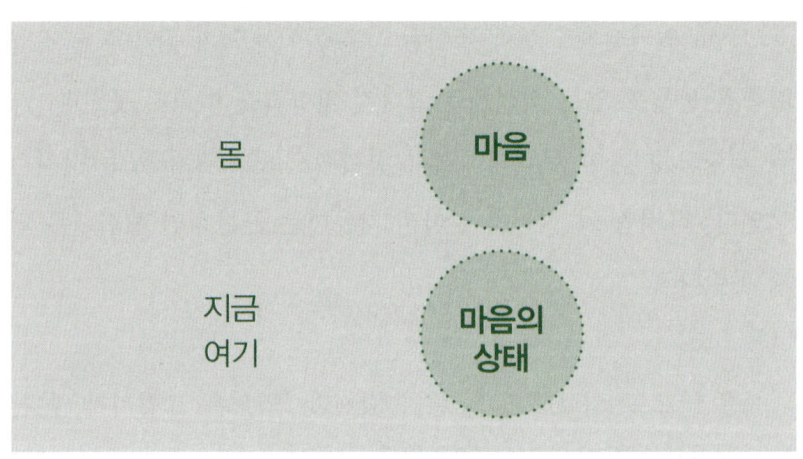

몸이 아파서 병원에 가면 먼저 어디가 아파서 왔느냐는 질문을 받게 된다. 또한, 문진을 통해서 세세하게 증상을 파악한 연후에야 치료 과정에 들어간다. 이것은 환부와 증상이 치료에 있어 가장 중요한 요소이기 때문이다. 이것이 아픈 사람을 치료하는 기본 과정이다.

마음의 병도 마찬가지다. 마음의 병은 마음을 부둥켜안고 살고 있기에, 마음을 있다고 착각해서, 마음에 의미를 두고 곱씹고 있으므로 일어난 흔들림이다. 몸이 아픈 것이 아니라 마음이 아픈 것이다. 환부가 마음이라는 이야기다. 환부가 드러났으니 치료해야 한다. 그러나 난감하게도 우리는 마음을 너무나도 모른다.

다음으로 마음의 병을 치유하는 또 하나의 중요한 단서가 있다. 그것은 병이 어디에 존재하며 어떤 상황인지를 파악하는 것이다. 우리는 몸이 지금 여기에 존재하고 있으므로, 마음도 지금 여기에 존재하는 것으로 착각을 하고 있다.

그러나 아쉽게도 마음은 지금 여기에 존재하지를 않는다. 그러므로 마음의 병도 지금 여기, 현재의 일이 아니라는 이야기가 된다. 이렇게 마음의 병은 지금 여기의 일이 아닌 것으로 아파한다는 특징을 가지고 있다.

마음의 병은 지금 여기, 이 순간이 아픈 것이 아니다. 아픈 시점은 지금 여기가 아닌, 지금에는 없는 어느 불특정한 시점의 일로 아픈 것이다. 또한, 마음의 상태가 그렇다는 것일 뿐, 지금 여기와는 아무런 관련이 없다.

우리는 마음 마음 하면서도 마음을 너무 모른다. 모르면서도 잘 알고 있다고 착각을 하고 있다. 마음을 부둥켜안고 있으면서 모든 것을 마음으로, 마음을 위해, 마음을 중심으로 살고 있다.

이런 때문인지는 몰라도 마음의 병이 일상에 참 많이도 들어와 있다. 그렇지만 병에 걸려 아프지만 아픈 줄을 모른다. 아프지만 어쩔 수 없이 견딘다. 아프지만 그 치유 방법을 몰라 헤매고 있다.

단언컨대 마음의 병은 마음의 진실을 파헤치는 것에서 그 해결의 실마리가 드러난다. 마음을 아는 것은 매우 중요하다. 마음을 제대로 파헤치는 방법이 철듦이다. 철듦은 정신 차림이고, 지금 여기에 사는 것이고, 자연스러운 삶의 출발이다.

마음의 병의 원인(1) – 오류와 착각

의식(정신) ≠ 지금 · 여기 : 오류
의식(정신) = 마음 = 나 : 착각

병에 있어서 발병의 원인을 찾았다는 것은 치료의 가능성이 커진다는 것을 의미한다. 마음의 병도 마찬가지다. 마음의 병의 원인은 간단하다. 마음의 병은 착각과 오류의 결과물이다. 오류는 의식이 지금 여기에 있지 않다는 것이다. 착각은 의식이 마음을 나로 착각하고 있다는 것이다.

원인을 알아냈다. 그러니 치유의 길도 쉽게 찾을 수 있다는 이야기다. 오류는 의식하면 해결된다. 의식이 지금 여기에 있지 않다면, 지금 여기에 있게 하면 된다. 그 방법이 정신 차림이다. 철듦이다.

마음은 없다. 그런데 없는 마음을 나로 착각하고 있다. 나와 마음을 동일시하고 있다. 착각은 깨어나게 하면 해결된다. 없는 것을 있다고 착각하고 있는 것은 어쩌면 꿈속에 있는 것과 마찬가지다.

그러니 꿈에서 깨기만 하면 되는 것이다. 꿈에서 깨어나는 방법이 정신을 차리는 것이고, 철드는 것이다.

마음의 병의 원인(2) – 철학의 부재

- 마음 동일시
- 철부지의 삶
- 자연성 상실
- 삶의 불균형

마음의 병의 원인은 오류와 착각이다. 그러나 세부적으로 살펴보면 그것은 철학의 부재와 불균형이 가져온 결과물이다. 당연한 것을 모르고 사는 것이 그 원인이다.

마음의 병은 마음을 있는 것으로 착각하여 마음을 나로 알고 있는 마음 동일시, 철이 들어 어른으로 열매 맺는 것을 잊었거나 거부하고 있는 삶, 자연임에 틀림이 없건만 자연과 내가 별개라는 자연성의 상실, 일시적인 흥분을 행복으로 알고 흥분과 쾌락만을 좇고 있는 불나방 같은 삶의 불균형이 초래했다.

마음의 병은 마음을 나 자신이라고 여기고 있는 '마음 동일시'가 일으킨 결과물이다. 마음은 있다고 인정을 하는 순간, 병증의

날개를 단다. 모든 것을 가려 버리고 마음의 세상을 펼친다. 빛보다도 더 빠른 속도로 날아다닌다. 하루에도 오만 번을 만들었다가 부수길 반복하며 마음의 성을 쌓는다. 마음의 병은 이렇게 쌓인 두꺼운 성벽에 갇혔을 때, 가슴앓이라는 통증을 통해 나타난다.

마음의 병은 '철부지의 삶'에서 비롯된다. 어른이 되어서도, 부모가 되어서도, 죽음에 다다른 순간에도, 어릴 적 애착 관계로 힘들어하고 있다. 애착을 주어야 할 나이임에도, 오래전에 애착 졸업을 해야 했음에도, 어른이면서도, 어른임을 인정하지 못하고 있다. 철부지라서 그렇다. 마음의 병은 이렇게 정신 차리는 것을 거부한 결과물이다.

마음의 병은 '자연성의 상실'에서 자라난다. 우리는 자연이면서도 자연인 것을 모르고 산다. 자연으로서 자연스러운 삶을 살아야 함에도 고집스럽게 이를 거부하고 있다. 이런 삶이 빚어내는 아픔이 마음의 병이다. 자연으로 살았으면 아무런 문제가 없는 것임에도 마음으로 살고 있으니, 마음의 병이 찾아온 것은 당연하다.

또 하나, 마음의 병은 '삶의 불균형'이 불러들인 불청객이다. 자연으로서 자연의 흐름대로 사는 것이 답이지만 이를 포기했다. 마음에 따라 사는 삶은 마음이 내가 되어 버린 자기중심적인 삶일 수밖에 없다. 정신이 소외된 채, 물질만을 추구하는 것은 삶의 균형이 점점 한쪽으로 기울게 되어 있다. 기울면 무너지기 마련이다. 그러니 마음의 병이 발병한 것이다.

마음의 병 치유(1) - 마음 정리

의식(정신) ≠ 마음 : 마음 없음을 인정

 의식은 오직 지금 여기에만 머물러 있어야 한다. 왜냐하면, 세상은 언제나 지금 여기밖에 존재하지 않기 때문이다. 그러나 나의 의식은 이를 거부하고 마음에 머물러 있다.
 세상에 없는 것은 없는 것이다. 있는 것은 공통으로 인정되어야 있는 것이다. 누구한테나 열려있어야 있는 것이다. 이렇게만 봐도 마음은 나만의 착각이 불러온 허상임이 분명하다. 나만이 존재한다고 고집하고 있는 허깨비임이 확실하다.

 마음의 병을 치유하는 첫걸음은 마음을 정리하는 것에서 시작된다. 마음이 없다는 것을 인정하지 않으면 마음의 병을 치유하기란 불가능하다. 그것은 마음이 치유하여야 하는 대상이 아니라 없는 것이기 때문이다. 또한, 있다고 해도 하루에도 오만 가지의 마음이 들고 나는데, 이를 치유한다는 것은 달걀로 바위를 치는 격이나 마찬가지기 때문이다.

그런데도 우리는 마음을 치유한다, 마음을 비운다, 마음을 닦는다, 마음을 정화한다, 마음을 내려놓는다 등의 표현을 한다. 모두가 마음이 존재한다는 것을 전제로 하는 말들이다. 실체가 있어야 비워 낼 수가 있고, 닦아 낼 수가 있고, 덜어 낼 수가 있다.

그러나 이 세상에 마음이라는 대상은 존재하지 않는다. 그러므로 이런 표현들은 마음이 없다는 것을 인정하지 않기에 나온 말들로 이치에 맞지 않는다. 이치에 맞지 않는 것은 아무리 발버둥을 쳐도 해결이 되지 않는다.

마음은 없다. 따라서 마음의 병도 존재하지 않는다. 아플 대상이 없는데 병이 날 수는 없는 노릇이다. 이처럼 마음의 병은 마음이 없음을 인정하는 것에서 새로운 돌파구를 찾게 된다.

더하여 어쩌면 마음의 병은 나를 괴롭히는 조건이 아닌, 새로운 세상을 만나는 기회를 제공하는 감사함의 조건인지도 모른다. 마음이 아픈 것으로 시작해서 마음이 없음을 의식하게 되어 전화위복이 된 셈이니 말이다.

마음의 병 치유(2) - 철듦

- 의식 = 지금 · 여기
- 철이 드는 것
- 정신을 차리는 것
- 마음 없음을 깨닫고 사는 것
- 마음에 갇혔음을 의식하는 것

 마음의 병은 철듦이 특효약이다. 철듦은 간단하고 명확하다. 철듦은 '철이 든 삶'이란 뜻이다. 철이 든 삶만이 진짜다. 철이 없는 삶은 허망이다. 아무리 잘산다고 해도 언젠가는 사라지는 신기루일 뿐이다.

 철듦은 어려운 이야기가 아니다. 그렇다고 해서 고상하지도 않다. 철듦은 우리의 일상이다. 단지, 우리가 모르고 있을 뿐이다. 철이 든 의식은 항상 지금 여기에만 있다. 성숙한 어른으로, 행복한 어른으로 사는 방법은 철이 드는 것이다.

 철듦은 정신을 차리는 것이다. 마음 없음을 깨닫고 사는 것이 철듦이다. 철이 들어 성숙한 어른은 마음에 갇혔음을 의식하고 마음 없음을 인정한 사람이다. 이것이 철듦의 전부다. 별반 어려울 것도 지식이 필요하지도 않은 우리의 삶인 것이다.

　마음이 아프고, 힘들고, 괴롭고, 답답한 것은 마음이 있다고 고집하기 때문이다. 의식한다는 것은 인정한다는 것이다. 병이 든 마음을 고집하고 있으니, 문제가 일어난 것이다. 고집을 꺾는 방법은 철이 드는 것이다.

　철듦은 의식을 지금 여기에 두는 것이다. 의식이 지금 여기에 머무는 순간에는 마음이 자리하지를 못한다. 마음 없음이 밝혀진다. 마음의 병의 근원은 마음이다. 마음이 없으면 당연히 마음의 병도 없다.

　마음을 고집하고 있는 사람이 철부지다. 철부지라서 마음이 있고 마음이 아픈 것이다. 철이 든다는 것은 마음이 없다는 것을 인정한 것이다. 철이 든 사람은 마음이 없다. 철이 든 사람은 마음이 없어 마음의 병도 없다.

　정신을 차렸다는 것은 마음에 들어가 있던 의식이 지금 여기로 나왔다는 것이다. 의식은 오로지 하나다. 하나에만 머물게 되어 있다. 그러므로 하나가 의식되면 다른 하나는 어김없이 사라진다. 더군다나 마음은 실체가 없는 허상이다. 따라서 지금 여기를 의식하는 순간, 마음은 순식간에 사라지게 된다. 이것이 정신 차림의 요체다.

　깨달았다는 말은 마음이 없다는 것을 깨우쳐 의식을 오롯이 지금 여기에 두고 있다는 뜻이다. 마음 없음을 깨닫고 사는 사람에게 마음의 병이 자리를 잡을 수는 없다. 그러므로 마음의 병을 물리치는 방법은 세상에는 마음이 존재하지 않는다는 것을 깨우치는 일이다.

정신 차린 사람은 마음에 갇힌다는 것이 무엇인지를 안다. 그러나 정신이 없는 사람은 마음이 없다는 것을 모르기에 마음에 갇혀 사는 줄도 모른다. 이런 경우에 마음의 병을 치유하기란 불가능에 가깝다. 그것은 마음의 병은 마음에 갇혀있음을 의식하는 것에서 출발하기 때문이다.

마음의 병 치유(3) - 성장

- 마음 동일시에서 벗어나 마음 없음을 확인
- 지금 · 여기의 삶으로 정신 차림
  (철부지의 삶에서 철듦의 삶으로 전환)
- 자연성을 회복하여 내가 자연임을 확인
- 항상 균형 잡힌 삶을 설계하고 실천함

마음의 병을 치유하는 세 번째는 성장이다. 성장을 하기 위해서는 먼저 자연을 알아야 한다. 세상의 모든 만상 만물은 자연이다. 세상에 자연이 아닌 것은 없다. 모두가 자연이다. 또한, 자연의 살아있는 것들은 하나같이 꽃을 피우고 열매를 맺는다. 이것이 자연의 흐름이다. 이런 자연스러운 순리의 과정이 성장이다.

사람이라고 해서 예외일 수가 없다. 사람은 만물의 영장도 아니고, 자연 따로 사람 따로일 수도 없다. 사람도 자연이다. 따라서 모든 사람은 각자의 위치에서 성장하고 꽃을 피우고 결실을 맺어야 한다.

마음의 병은 성장을 제대로 못 해 일어난 현상이다. 어쩌면 마음의 병은 성장을 위한 성장통일는지도 모른다. 마음의 병은 제대로 된 성장으로 치유를 하는 것이 최선이다. 그것이 꽃을 피우고 열매를 맺는 유일한 방법이다.

성장은 마음의 병으로부터 자연스럽게 벗어나게 해준다. 성장을 통해서 우리는 '마음 동일시에서 벗어나 마음이 없음을 확인'하게 된다. '지금 여기의 삶으로 정신 차림(철부지의 삶에서 철듦의 삶으로)'을 안내 받는다. '자연성을 회복하여 내가 자연임을 확인'하게도 된다. 또한, 철듦의 성장은 '항상 균형 잡힌 삶을 설계하고 실천'하도록 이끌어 준다.

마음의 병! 굿바이

마음
집착(의미) 강도 = 0%

그물에 걸리지 않는 물같이 바람같이~

마음에 대한 집착이 없다는 것은 마음이 없음을 인정한 것이다. 이 상태가 되면 '마음의 병! 굿바이'다. 마음이 없는 곳, 자유와 평화가 펼쳐지는 곳이다. 물과 바람이 된 것이다. 물과 바람은 절대로 그물에 걸리지 않는다. 더는 마음에 갇히는 일은 없다.

우리 일상의 그물은 마음이 만든 그물이다. 자연스러운 순리의 삶에서 이탈케 한 것은 마음이라는 굴레와 집착이다. 이 굴레와 집착이 씨줄과 날줄이 되어, 세상을 시비하는 분별의 그물을 만든 것이다. 그러므로 마음의 집착 강도가 강할수록, 마음에 의미를 많이 가지면 가질수록, 마음의 병은 점점 깊어지고 단단해진다.
이 분별의 그물을 걷어 내는 방법이 철듦이다. 정신 차림이다.

마음에 대하여 가지는 집착(의미)의 강도가 0%가 되는 순간, 세상은 새롭게 다가온다. 마음이 존재하지 않음이 확연하다. 더는 없는 마음에 의미를 두지 않는다. 마음이 펼치는 허상에 흔들리거나 현혹되지 않는다.

2부

철듦으로 삶을 리셋하는 지혜로움

철듦사상 드러나다

구분		핵심	이름 (말·글)	현상 (결과)
철듦사상	철듦	(허) 마음 세상 에서	(의식 = 착각) = (마음 = 나) = 없음	마음 = 기억 = 생각 = 상상 = 감정 = 에고 = 아집 고집 = 주관 = 꼴 = 틀 = 업·습 = 심보 = 성질머리 = 속 = … : <u>없음</u> = (과거, 미래)	철 없음 = 정신줄 놓음 = 혼절 = 분별 = 인연· 상대 = 가짐 = 오만생각 = 근심걱정 = 허상 = 미신 = 망상(妄想) = 기준잣대 = 심판 = 갇힌 세상 = 집착 = 마음의 병 = … : <u>드러내는 삶 / 실패, 못남</u>
		(참) 철듦 세상 <u>으로</u>	의식 = 지금·여기 = (자연 = 나)	의식 = 정신 = 영혼 = 순리 = 섭리 = 이치 = 본성 = 진리(영·생·불변) = 신 = 자연 = 우주·허공 = 근본 = 일체·하나 = … : <u>있음</u> = 진짜 (지금·여기)	철듦 = 정신 차림 = 마음 멈춤 = 마음 없음 = 나 없음 = 필연·절대 = 지혜 = 제자리로 옴 = 본래 = 깨달음 = 열린 세상 = … : <u>자연스런 삶 / 성공, 잘남, 목적</u>

	방법		철듦의 정의
			
			• 철듦 = 정신 차림
			  = 성숙 = 어른
			• 마음 없음
			• 의식 = 지금 여기
			• 나 = 자연
			• 삶의 목적 =
			  철듦의 행복
				철듦의 조건
				
				인정 & 포기
				믿음 & 실천
				거부 & 무시
					철듦 힐링테라피
					
					1. **들려옴** 의식하여 정신
					   차리기
					2. **나타남** 의식하여 정신
					   차리기
					3. **움직임** 의식하여 정신
					   차리기
					4. **숨 쉼** 의식하여 정신
					   차리기
					5. **호 명** 의식하여 정신
					   차리기

【 철듦사상의 개요 】

'철듦사상'을 드러낸다. 본래로 오는 방법이다. 본래대로 살아야 했다. 본래대로 사는 것이 답이었다. 한순간도 자연을 벗어나 살지를 않았다. 그런데도 자연성을 상실했다. 마음을 나로 착각했기 때문이다. 의식을 마음에 두었기 때문이다.

마음은 없는 것이다. 없는 것을 나로 삼아 살았으니 허망한 삶이다. 지금 여기에 살아야 한다. 자연이니 자연스럽게 살아야 한다.

의식을 고스란히 지금 여기에 두는 것, 정신 차림이다. '철듦'이다. 정신 차리고 철들어 지금 여기에 사는 삶이 '철듦'이다. '마음 세상이 없음을 깨닫고 지금 여기의 세상에 사는 것'이 '철듦'의 핵심이다.

'마음 세상'을 살고 있다. 의식이 마음을 존재하는 것으로 착각했고, 마음을 나라고 착각했다. 그러나 마음은 존재하지 않는다. 없는 것을 나로 삼아 살았다. 그러니 그 삶 또한 허상일 수밖에 없다. 이것이 마음을 붙들고 사는 인간의 허황한 삶이다.

이런 마음 세상을 일컫는 말과 글은 무수히 많다. 기억이 마음 세상이다. 생각이 마음 세상이다. 감정이 마음 세상이다. 에고라 부른다. 자존심, 아집, 고집, 주관이라고 한다. 꼴이라고 한다. 꼴값한다고 할 때의 꼴이다. 자기 마음대로 행동하는 것을 이르는 말이다. 틀이라 한다. 틀이 강하다, 틀이 세다 할 때의 틀이다. 업과 습, 심보, 성질머리라고 한다. 속이라고도 한다. 속상하다, 속을 끓인다, 속이 뒤집힌다고 표현하는 것이 마음이다.

이외에도 우리 생활에서 마음을 드러내는 말과 글은 다양하게 많다. 그것은 마음 세상을 살고 있기에 그렇다. 삶의 모든 것이 마음에서 비롯되고, 마음으로 행하고 있으니 당연하다. 그러나 마음은 없는 것이고, 가짜고, 허상이다. 과거와 미래를 주축으로 하는 마음은 없는 것이다.

 마음 세상의 삶은 다양한 결과물을 만들고 이상한 현상을 일으킨다. 왜냐하면, 정신을 못 차렸기 때문이다. 철이 없기에 그렇다. 정신줄을 놓았으니 혼절한 것이나 마찬가지다. 정신없는 마음은 분별의 세상을 드러낸다. 싫고 좋음, 높고 낮음, 아름다움과 추함, 행복과 불행, 사랑과 증오, 너와 나, 편안함과 불편함, 완전과 불완전, 하나님과 사탄, 천국과 지옥…….
 인연과 상대는 마음 세상에만 있는 허상의 법칙이다. 짓고 부수는 마음 세상의 이상한 규칙에 불과하다. 마음 세상은 가짐의 세상이다. 허허롭기에 움켜쥐고 채워야 그나마 위안이 되는 것처럼 느낀다. 물불을 가리지 않고 블랙홀처럼 빨아들인다.
 마음 세상은 하루에도 오만 가지의 생각으로 영토를 넓힌다. 근심과 걱정을 끊임없이 해대며 마음 세상을 확장한다. 의식이 혼미해질 수밖에 없는 이유다. 마음 세상은 허상의 세상이다. 급기야 미혹한 신을 만들어 섬기고 있다. 허의 세상에 또 하나의 허의 세상을 겹쳤다. 없는 세상에, 없는 세상을 뒤집어쓰고 있으니 망상이다.
 사람들은 마음속에 기준 잣대를 하나씩 세우고 산다. 나이가 들어갈수록 기준 잣대는 단단해지고 굵어진다. 단단하고 굵게 만드는 것은 속칭 자존심, 경험치, 학벌, 지위 등으로 부르는 것들이다. 기준 잣대는 세상을 심판하는 도구가 되어 전지전능한 신이라도 되는 것처럼 행세한다. 기준 잣대를 들이대며 세상을 단죄한 결과는 점점 더 갇힌 세상을 만들게 된다.

그러나 안타깝게도 갇혀 버린 사람은 오직 한 사람, 나밖에 없다. 이렇게 마음 세상에 집착하고, 의미를 두는 강도가 점점 강해져 헤어 나오지 못하는 지경에 이른 것이 마음의 병이다.

마음 세상이 벌여 놓은 현상과 결과물은 무수히 많다. 많은 것이 아니라 마음 세상의 모든 것들이다. 왜냐하면, 마음을 나로 알고 사는 삶의 모든 것은 마음이 만들어 낸 것들이기에 그렇다. 마음의 세상은 없는 존재다. 그렇기에 이 마음 세상은 자신의 존재를 드러내는 삶의 연속선상에서 발버둥을 치게 되어 있다.

그러나 아무리 잘난 척하며 살아도 그 삶은 실패한 삶이고, 못난이의 삶일 수밖에 없다. 이것이 마음을 나로 알고 사는 인간의 업의 굴레다.

'지금 여기 세상'의 핵심은 의식이 정신을 차려 오롯이 지금 여기에 자리하고 있다는 것과, 철이 들어 내가 자연임을 깨달았다는 것이다. 이런 상태를 부르는 이름도 제각각이다. 지금 여기의 세상이 말과 글로 표현될 수는 없다. 단지, 인간이 이름을 붙여 부르고 있을 뿐이다.

지금 여기뿐이다. 지금 여기 외에는 존재하는 것이 없다. 의식이 지금 여기다. 정신이 지금 여기다. 영혼이다. 순리다. 섭리다. 이치다. 모든 것의 근원이라서 본성이다. 영생 불변이라 진리다. 신이고 자연이다. 우주 허공이고 근본이다.

일체가 하나다. 정신 차린 후의 삶은 오직 지금 여기뿐이다. 삶 전체가 지금 여기가 아닌 것이 없다. 그러므로 지금 여기의 세상은 있음의 세상이고, 진짜 세상이다.

철듦의 결과는 명료하다. 정신 차림이다. 일어나는 마음이 멈춘 상태다. 마음 없음이 확인된 상태다. 마음을 나로 삼아 살던 나는, 이제 더는 존재하지 않는다. 그러니 나 없음인 것이다. 지금 여기의 세상은 절대의 세상이고 필연의 세상이다. 지혜의 세상이다. 제자리로 돌아오는 것이니 본래다. 모든 것을 알아차렸으니 깨달음이다. 지금 여기는 감춤이 없는 열린 세상이다. 이 외에도 진리의 세상이 펼치는 결과물은 차고 넘친다.

지금 여기의 세상은 자연스러운 순리의 삶이 펼쳐지는 곳이다. 드러내지 않아도, 집착하지 않아도, 분별하지 않아도 되는 세상이다. 이런 삶이 진짜 성공한 것이다. 지금 여기의 세상에 나서 잘살고 있으니 잘난 것이다. 이것이 우리가 태어난 목적이다.

철듦은 특별한 방법이 없다. 장소의 구애도 받지 않는다. 지식이나 알음알이가 좌우하지도 않는다. 철듦의 방법은 일상에 있다. 생활 속에 있다. 철듦은 그저 단순한 의식의 방향 전환이다.

'철듦의 정의'는 간단명료하다. 철듦은 정신 차림이다. 성숙한 인간의 증표다. 어른의 기본 자질이다. 철듦은 마음 없음에서 출발한다. 의식이 지금 여기에 있음이 철듦이다. 철이 든 사람은 자연임을 안다. 자연으로 자연스럽게 산다. 철든 이는 삶의 목적을 철이 들어 행복하게 사는 것에 두고 있다.

'철듦의 조건'은 인정 & 포기, 믿음 & 실천, 거부 & 무시다. 이 정도의 성의는 있어야 철듦에 다가설 수 있지 않을까 한다. 이 조건들은 모두가 마음이기는 하지만, 그래도 철듦의 출발을 알리는 경고의 의미로서 중요하다.

첫째, '인정과 포기'다. 마음이 없음을 인정하고 마음으로 사는 것을 포기해야 한다. 마음에서 태어나 마음으로 살아온 삶이다. 이를 쉽게 받아들이거나 이해하기는 난해하다. 그래도 이를 넘어서야만 철듦에 다가설 수 있다. 철들어 행복해지고 싶은가? 그럼, 마음이 없음을 인정하고 마음으로 사는 것을 포기하라. 행복한 삶은 자연스럽게 찾아온다. 이것이 세상의 이치다.

둘째, '믿음과 실천'이다. 마음이 없다는 것을 믿고 또 믿어라. 그다음 마음이 없음을 확신하며 살라. 이것만이 철듦을 이르게 할 수가 있다.

셋째, '거부와 무시'다. 일어나는 마음을 거부하고 무시해야 한다. "너는 내가 아니잖아! 꺼져!", "없는 놈이 감히 내 행세를 하려 들다니 싫어! 비켜!"

'철듦의 방법'은 생활 속에 다 들어 있다. 진짜 생활 속의 철듦 힐링테라피다. 착각의 의식을 깨어나게 하는 치유 방법으로 최고다. 의식하여 정신 차리는 방법은 다음과 같다.

첫째, '들려옴 의식하여 정신 차리기'다. 생활 속에서 들려오는 소리를 의식하여 정신 차리는 것이다. 생활 속에는 온갖 소리가 들려온다. 음악 소리, 자동차 소리, 물소리, 바람 소리, 말소리, 빗소리, 떠드는 소리 등.

그러나 의식을 하지 않으면 들려오는 소리를 의식하지 못한다. 왜냐하면, 의식이 마음속을 헤매고 있기 때문이다. 의식이 마음속에 갇혀 있으면 들려오는 소리는 차단된다. 운전 중에도 엔진 소리와 지나가는 자동차 소음을 전혀 의식하지 못하는 경우가 있다. 이때도 의식이 마음에 있기에 그런 것이다. 의식이 지금 여기에 없고 마음에 붙들려 있기 때문이다.

여기에서 특히 정신을 차려야 하는 부분이 있다. 그것은 소리를 듣는 것이 아니라 소리가 들려온다는 것이다. 왜냐하면, 듣는다고 할 때는 그 주체가 마음이기 때문이다. 그러므로 소리를 들은 것 같지만, 마음은 없는 것이라서 들은 것이 아니다. 다만, 소리를 왜곡하고 분별한 것뿐이다.

둘째, '나타남 의식하여 정신 차리기'다. 우리는 물체를 눈이 있어 보는 것으로 알지만 그렇지 않다. 의식이 마음에 묶이면 눈도 제 기능을 발휘하지 못한다. 눈이 제 기능을 하려면 의식이 있어야 하는데 의식이 마음에 들어가 버렸다.

눈은 떴으나 사물을 의식하지 못한다. 눈을 뜬 시각장애인이 된 것이다. 설령 물체를 의식하여 본다고 해도 지금 여기의 물체를 본 것이 아니다. 마음으로 보았기에 실제와는 거리가 멀다. 물체는 마음으로 보는 것이 아니다. 이렇게 보는 것은 진짜가 아니다.

물체는 나타나는 것이다. 지금 여기에 나타나는 것이다. 그러므로 이를 의식하면 정신을 차려 지금 여기에 오롯이 서게 된다. 사물이 나타남을 의식하는 것, 철듦에 아주 유용한 방법의 하나다.

셋째, '움직임 의식하여 정신 차리기'다. 몸이 움직이는 것을 의식하는 것도 정신을 차리는 방법으로 아주 유용하다. 걸으며 온몸이 살아 움직임을 의식하면 마음에 묶이지 않는다.

다리의 움직임을 의식하고, 팔의 움직임을 의식하고, 발가락이 움직이고 있음을 의식하고, 손가락이 움직이고 있음을 의식하고, 눈이 깜빡임을 의식하고, 입이 움직이고 있다는 사실을 의식하다 보면 마음과는 자연스럽게 이별을 고하게 된다.

산책하거나, 일하거나, 운동하거나, 식사하거나, 양치하거나, 움직임을 의식하면 쉽게 정신을 차리고 지금 여기에 머물게 된다. 마음에서 벗어나게 된다. 마음이 없음을 확인하게 된다. 마음의 착각에서 깨어나게 된다.

넷째, '숨 쉼 의식하여 정신 차리기'다. 가장 보편적인 철듦의 방법이다. 또 가장 널리 퍼져 수행의 과정으로 자리를 잡고 있다. 그러나 기혈을 유통한다거나 단전을 활성화한다거나 하는 몸을 단련시키는 방편으로 치우쳐 버렸다. 그 결과 정신 차림의 목적은 상실되었다. 호흡을 통한 명상의 본질이 왜곡된 것이다.

숨 쉼은 본래의 모습이 자연임을 확인하는 열쇠다. 숨 쉼은 자연의 살아있는 리듬이다. 그러므로 숨 쉼의 리듬을 의식하는 것이야말로 철듦의 가장 좋은 방법이라고 할 수 있다. 특히 잠자리에 들어 숨 쉼을 의식하는 것은 자연에 나를 맡기고 가장 편안하게 하루의 피로를 씻어 내는 방법이다. 한 숨 한 숨 내가 숨을 쉬고 있음을 의식하다 보면 저절로 마음의 번뇌는 벗어지고 깊은 잠으로 빠져들게 된다.

다섯째, '호명 의식하여 정신 차리기'다. 종교에서 주여! 주여! 하는 것이나 나무아미타불 관세음보살을 외는 것과 같은 의미가 있다. 자기의 이름을 부르는 것은 마음을 나로 착각하고 있는 의식을 깨우는 것이다.

"○○○아! ○○야! 정신 차려야지!"라는 의미가 있다. 이름은 남이 나를 부르라고 지어진 것이 아닌지도 모른다. 어쩌면 이름은 나를 살라고 지어진 것일 수도 있다. 철들어 살라고, 정신 차려 살라고, 지금 여기에 살라고 부르는 이름은 누군가로부터 불리는 이름보다 더 값어치가 있는 것이다. 그러므로 자꾸자꾸 불러 더 값지고 더 빛나는 이름으로 만들어야 한다. "○○○아! ○○야!" 자신의 이름을 부르는 것, 철듦에 이르는 길이다.

간략하게나마 철듦사상을 간추려 설명했다. 실체가 없는 마음 세상에 살지 말고, 실체가 있는 지금 여기 세상에서 살자는 것이 철듦이다.

철듦사상은 그 정의가 명확하다. 그 방법 또한 간결하고도 쉽다. 다만, 지금껏 나로 알고 살았던 마음을 정리하고 벗어나야만 한다. 무척이나 생소하고 난해할 수밖에 없다. 이것이 어렵다면 어려운 문제다. 그러나 인간 본연의 문제를 일순간에 해결하는 방법에 있어 철듦사상을 뛰어넘을 만한 것은 없다.

한 걸음씩 한 걸음씩 내딛다 보면 점점 의식은 명료해질 것이며, 마음의 허상은 점차 벗겨져 나갈 것이다. 모쪼록 철듦의 행복을 만끽하는 어른으로 성숙하길 응원한다.

두 세상

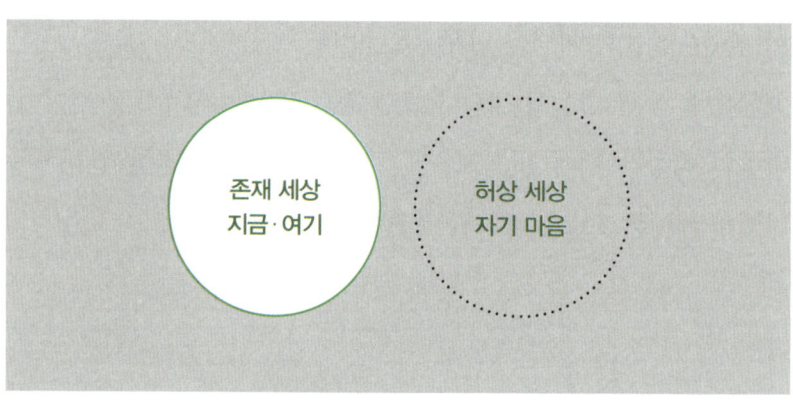

하나의 무한대 공간, 살아있는 하나의 생명, 절대 진리 하나의 섭리, 이렇게 세상은 하나로 존재한다. 하나밖에 없는 세상이다. 이런 진리에 예외는 없다. 그 누구도 이를 벗어난 삶을 살 수 없다.

이 전체를 바탕으로 하여 개체로 드러나는 옷을 걸쳤으니, 나라고 하는 존재다. 개체는 옷에 의해서 드러나고 사라진다. 전체는 개체가 나타나고 사라짐으로 그 존재가 증명된다. 이것이 개체가 가지는 존재가치다.

옷을 입어 개체가 드러났다고 해서, 옷을 벗고 개체가 사라졌다고 해서, 전체가 변하는 일은 없다. 다만, 개체만이 그 존재를 나타내고 사라질 뿐이다. 이것이 전체인 하나가 지닌 섭리다. 그러므로 개체로 드러났다고 해서 전체를 벗어나 존재하지는 않는 것이, 하나의 세상이 갖고 있는 이치이며 섭리다.

개체는 옷을 입으나 옷을 벗으나 전체라서, 개체지만 전체로 사는 것이다. 이것이 자연이 가진 영원성이다. 따라서 각 개체는 이 섭리에 순응하고 따르면 그만이다. 세상에 이러한 순리를 벗어나는 존재는 없다.

세상은 하나의 세상만이 존재한다. 만약에 지금 여기의 세상 말고 다른 세상이 있다면 그것은 세상에는 없는 가짜가 분명하다. 그 하나의 세상이 바로 지금 여기다. 그러므로 개체를 드러내기 위해 옷을 입은 내가 사는 곳도 바로 이곳, 지금 여기여야 마땅하다.

그러나 의식은 허상의 없는 세상을 실재하는 것으로 착각하고 있다. 그 결과 허상의 세상인 자기 마음을 만들어 갇히는 신세가 되었다. 자기의 마음은 이 세상에는 존재하지 않는 허상의 세상이다.

없는 세상을 산다는 것은 어떤 의미일까? 그것은 없는 것을 있다고 착각하고 있는 것이라서 결과도 마찬가지로 착각이 일으킨 허탈한 것들뿐일 수밖에 없다.

모든 인간이 이런 착각의 상황에서 살고 있다. 이런 세상은 항상 불안과 갈등의 연속적인 윤회가 거듭되고 있다. 종교는 난립하여 미신에 미친 지가 오래되었고, 철학도 갈 길을 잃어 헤매고 있는 지경이다.

정신을 차린다고 하는 것은 없는 세상을 벗어나 지금 여기의 세상으로 깨어남을 일컫는다. 착각에서 깨어나 지금 여기에 오롯이 서는 일이다. 이것이 부활이고, 이것이 거듭남이다. 우리는 모두 옷을 벗게 되어 있다. 이것이 세상의 이치다. 오롯이 지금 여기에 사는 사람만이 옷을 벗는 날, 미소를 지으며 훌훌 미련 없이 세상과 하나가 되는 것임을 깨달을 일이다.

있음과 없음

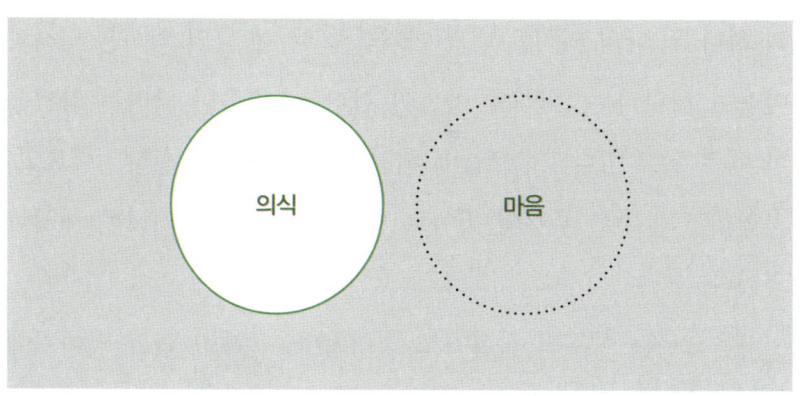

살아있는 의식이 나인가? 실체가 없는 마음이 나인가? 이 둘이 분리되어 있다는 것을 모르며, 마음을 한시도 떠난 적이 없기에 대답을 하기는 매우 어렵다.

하나는 있는 존재이고 하나는 없는 허상이다. 있음은 의식이고 허상은 마음이다. 허상이 내가 될 수는 없기에 답은 정해져 있다. 허상이 내가 될 수는 없다. 따라서 의식만이 나라는 사실이 그대로 드러난다.

우주 자연에는 마음이라는 존재는 없다. 우리의 모든 본질은 공간과 생명과 섭리가 하나 되어 존재하는 것이다. 그러므로 이 하나의 본질을 모태로 펼쳐진 세상의 모든 것들은 이러한 이치에서 절대로 벗어날 수 없다. 나라고 해서 예외가 없다. 나는 의식의 존재이지 마음의 존재가 아니다.

　마음은 내가 아니다. 지금 여기의 의식만이 나란 존재다. 마음과 하나 된 나의 의식은 내가 아니다. 그런데 나의 의식은 의식과 마음이 하나라는, 의식과 마음이 같다는, 마음이 나라는 착각을 한 채로 살고 있다. 이 모습이 인간이 마음의 굴레를 뒤집어쓰고, 자연의 외톨이로 우주의 미아로 떠돌고 있는 아이러니한 세상인 것이다.
　마음으로는 아무리 잘살아도 허허롭다. 존재가 없는 것이기에 허허롭다. 자기중심적인 관계라서 허허롭고, 지금 여기를 벗어났기에 허허롭고, 실체가 없는 허상이라서 허허롭다.

　지금 여기에 정신 차리는 방법은 철듦이다. '똑! 똑!' 지금 여기의 들려옴을 의식하고, 지금 여기의 세상이 나타남을 의식하고, 자연의 흐름으로 숨 쉬는 움직임을 의식하고, 이름을 불러 마음속에 들어가 있는 의식을 깨워야 한다.

어디서 와서 어디로 가는가?

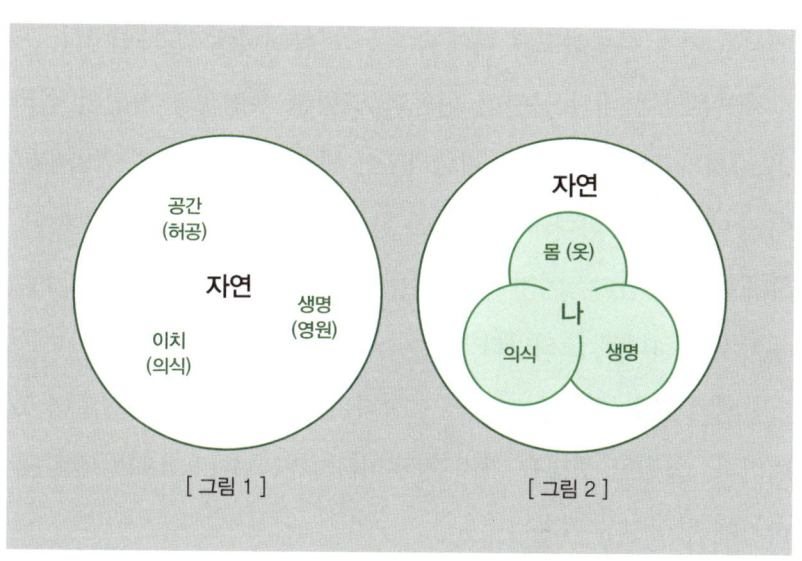

[그림 1]   [그림 2]

 "어디서 와서 어디로 가는가?"라는 질문은 "나는 누구인가?"라는 질문과 같은 물음이라고 할 수가 있다. 이 질문은 인간 최대의 질문으로서 대단히 중요한 의미가 있다. 왜냐하면, 이 질문에 대한 답은 인간이 안고 있는 모든 문제에 있어 해결의 실마리가 되어 줄 것이기 때문이다.

질문에 대한 답은 [그림 1], [그림 2]를 통해서 고스란히 드러난다. [그림 1]은 자연을 드러낸 그림이고, [그림 2]는 나를 드러낸 그림이다. 그림만 살펴봐도 알 수 있듯이 두 그림은 자연과 나를 드러낸 것이지만, 그 바탕은 자연이라는 것이 금방 드러난다.

우리가 살아가고 있는 세상을 부르는 이름은 무수히 많다. 그중에서도 가장 무난하고 흔하게 부르는 이름이 우주와 자연이다.

자연은 무한대의 공간인 허공과 영원한 생명성과 자연의 섭리인 이치가 하나가 되어 드러난다. 이 세 가지의 축이 자연성이다. 이 중에서 어느 하나라도 빠지게 된다면 세상은 드러나질 않는다. 존재하지 못한다. 이것이 전체성이고 일체성이다. 구성 요소는 셋이지만 하나로 드러난다.

자연의 본질은 한계가 없어 무한하다. 변하지 않는 본질로서 불변한다. 영원한 생명을 가져 영생이다. 언제나 지금 여기에 존재하기에 항상성을 가진다.

이 위대한 자연에서 세상의 모든 만상과 만물은 자연을 본받아 나타나고 사라진다. 이것이 대 우주 자연의 섭리다. 이 세상에 이런 자연의 섭리를 거스를 수 있는 존재는 없다. 이를 일러 만고 진리 불변의 법칙이라고 하는 것이다.

인간이라고 해서 자연의 섭리를 거스를 수는 없다. 자연의 섭리는 만고 진리 불변의 법칙이기 때문이다. 그러므로 인간도 [그림 2]와 같이 자연의 본질 위에 나타나고 사라지게 되어 있다.

살아있는 몸이 있어 나라고 하는 의식이 드러난다. 몸과 생명과 의식이 나를 이루는 3요소이다. 이 셋 중에 어느 하나라도 빠지게 되면 나라고 하는 개체는 존재성을 잃는다.

그러나 이 3요소보다 더 중요한 것이 있으니, 그것은 나를 드러나게 하는 본질이 있다는 것이다. 그 본질은 자연이다.

무한대 자연의 공간은 몸과 같다. 이 공간이 있어 개체의 몸이 나타났다. 자연은 영원히 살아 숨 쉰다. 이 영원한 생명력이 있어 나를 살아있게 한다. 자연은 이치에 따라 태동한다. 이 대자연의 섭리인 이치가 있어 나의 의식이 드러난다.

우주의 무한한 허공이 없다면 나의 몸은 존재할 수가 없다. 이렇게 몸은 우주와 연결되어 있다. 한순간도 이 연결이 끊어진 적이 없다. 아니 끊어질 수가 없다. 왜냐하면, 끊어지는 순간 모든 것이 사라지기 때문이다.

생명도 마찬가지다. 우주의 생명이 있어 나의 몸에 생명이 태동하는 것이다. 우주에 생명이 있어 나도 살아있는 것이다. 우주가 살아있지 않다면 나의 몸을 지탱하는 생명도 존재할 수가 없다. 그러므로 나의 생명은 자연과 연결되어 존재하는 것이다.

우리의 의식 또한 이를 벗어나지 않는다. 우리의 의식은 대자연의 섭리를 바탕으로 존재한다. 우주의 흐름에 따라 존재하는 것이다. 우리의 의식은 대자연의 섭리를 한순간도 벗어난 적이 없다. 그러므로 우리의 삶도 대자연의 의식으로 존재해야 마땅하다.

그러나 우리의 의식은 대자연을 향하고 있어야 함에도 마음속에서 자기 마음을 키우는 데만 혈안이 되어 살아가고 있다.

이렇게 우리는 대우주 자연과 연결되어 나타났다. 몸도 대우주요, 생명도 대자연이요, 의식도 대우주의 의식이다. 그러므로 오는 것도 아니고, 가는 것도 아니다. 다만, 태어남과 죽음은 잠시 잠깐 나타났다 사라지는 것뿐이다.

몸이라고 하는 것은 옷과 같다. 우리가 태어남은 옷을 입은 것이다. 옷이 입혀져 드러난 것이다. 옷은 벗게 되어 있다. 외출에서 돌아와서도 벗고, 샤워하기 전에도 벗고, 잠자리에 들기 전에도 벗는다. 이것이 옷이다. 옷을 벗는다고 해서 몸이 없어지는 것이 아니다. 옷을 벗어도 몸은 그대로 있다.

우주와 몸도 마찬가지다. 몸이 사라졌다고 해서 우주가 없어지는 것은 아니다. 우주는 그대로 존재한다. 이렇듯 나는 옷을 입고 잠시 나타났다가 옷을 벗고 스러질 뿐이다. 그러므로 옷과 같은 몸에 미련을 가지거나 집착할 필요는 없다. 왜냐하면, 드러나지만 않을 뿐, 나의 본질은 영원히 살아 존재하기 때문이다.

이것이 나라는 존재다. 무릇 어른이라면 존재의 의미를 되새길 줄 알아야 한다. 이제부터는 기꺼이 옷에 집착하는 삶을 벗어나, 영생 불변하는 대우주의 자연으로 유유자적하는 삶을 추구할 일이다.

마음 세상

이름 (말·글)	현상
마음 = 기억 = 생각 = 상상 = 감정 = 에고 = 자존심 = 아집 = 고집 = 주관 = 꼴 = 틀 = 업·습 = 심보 = 성질머리 = 속 = … : 없음 = 가짜 (과거, 미래)	의식 = (착각) = (마음) = (나) : 철없음 = 정신줄 놓음 = 혼절 = 분별 = 인연·상대 = 가짐 = 오만 생각 = 근심 걱정 = 허상 = 미신 = 망상(妄想) = 기준잣대 = 심판 = 갇힌 세상 = 집착 = 마음의 병 … : 드러내는 삶 / 실패, 못남

　마음 세상은 없는 세상이다. 그러나 우리는 마음 세상을 실재하는 것으로 착각하고 있다. 없는 마음 세상을 나로 알고 살고 있다. 그러므로 이 마음 세상을 세우고 유지하는 것에 시간을 허비하다가 생을 마감한다. 이것이 우리가 사는 꼴이다.

　마음 세상을 부르는 말과 글은 무수히 많다. 또한, 마음 세상이 펼치는 갖가지 현상들도 이루 헤아리기가 어려울 정도로 많고 많다. 그러므로 여기에 글로 표현하는 것은 그저 말과 글일 뿐, 이것에 묶이거나 이를 해석하고 시비할 필요는 없다.

마음을 일컫는 이름은 무수히 많다. 마음은 기억을 기초로 하므로 마음은 기억이다. 기억을 떠올리는 것이 생각이다. 생각 또한 마음이다. 마음이 그린 그림이 상상이다. 상상도 마음이다. 감정은 마음의 느낌이다. 그러므로 감정과 기분도 마음이다.

에고, 자존심, 아집, 고집, 주관, 꼴, 틀, 업과 습, 심보, 성질머리, 속 등 모두 마음의 다른 이름들이다. 이 밖에도 마음을 지칭하는 말들은 수없이 많다. 어쩌면 마음을 붙들고 사는 한, 삶의 모든 것들이 마음이라고 해도 과언이 아니다.

이 모든 것들은 세상에는 없다. 혼자만의 착각일 뿐, 세상의 측면에서 보면 아무런 뜻과 의미가 없다. 이렇게 마음이라고 하는 모든 것들은 지금 여기에는 없는 가짜다. 과거에 기반한 것이거나 아직 오지도 않은 미래를 상상한 것에 불과할 뿐이다.

의식이 착각해서 마음을 나라고 하면서 살게 된다. 이런 마음이 만들어 내는 현상 또한 각양각색이다. 철이 없는 것은 당연하다. 정신없이 살고 있으니 혼절한 것이나 마찬가지다. 오염 필터인 마음으로 보고 들으며 온통 분별의 세상을 만든다. 인연에 따라 업과 습을 짓고 그것에 얽히게 되며, 너와 나라는 상대에 따라 마음을 주고받게 된다. 마음은 이렇게 인연법의 세상과 상대를 구분하는 내 편과 네 편의 세상을 만든다.

마음은 이렇듯 채우고, 지키고, 드러내는 것에 존재가치를 두고 있다. 이런 가짐을 추구하는 마음 세상은 탐욕만이 가득하여 점점 더 부의 불균형이 심해지며, 기득권 세력의 지배력이 커지게 된다. 세력 간의 다툼과 전쟁은 이러한 마음 세상의 극단적인 상황을 보여주는 것이다.

하루에도 오만 가지의 생각이 일어나 마음을 키운다. 그 결과 마음 세상은 근심과 걱정이 끊이질 않는 것이다. 마음으로는 아무리 많은 생각과 상상을 한다고 해도 실체가 없는 허상일 뿐이다. 이런 마음에서 미혹한 신을 만들어 맹신하게 되며 망상 속에서 헤매게 된다.

마음에는 굵고 단단한 나만의 기준 잣대가 자리를 잡고 있다. 사람들은 이를 들이대며 세상을 심판한다. 이렇게 심판은 자신이 하고 있으면서 애매하게 또 다른 신이 있어 세상을 심판하는 것으로 착각을 한다.

마음 세상은 갇힌 세상이다. 마음은 혼자만이 존재하는 것으로 착각하여 만든 세상이다. 이곳에 나를 가두고 묶어 노예로 삼는다. 마음의 노예는 가진 것이 마음뿐이다. 마음밖에 모른다.

마음이 슬프면 안 되고, 마음이 상처받으면 안 되고, 마음이 힘들면 안 되고, 마음이 우울하면 안 되고, 마음이 불안하면 안 되고, 마음이 모욕을 당하면 안 된다. 모든 삶의 의미가 마음에 있다. 이런 집착은 병이 된다. 이것이 '마음의 병'이다.

마음을 붙들고 사는 우리의 삶에서 마음이 아닌 것은 하나도 없다. 모든 벌어지는 현상은 모든 것이 마음이다. 마음은 드러내는 삶이다.

　그러나 마음은 착각이다. 착각이 만든 허상이다. 그러므로 아무리 드러낸다고 하여도 남는 것은 없다. 잘산다고 살아도 실패뿐이고, 잘났다고 살아도 못난이의 삶일 수밖에 없다. 이것이 마음 세상을 사는 인간이 가지는 한계다.

마음 = 없음

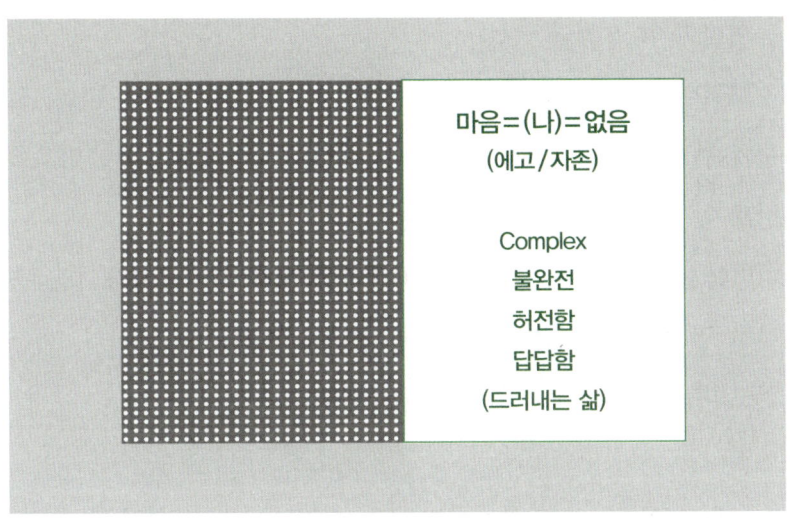

 깨달음에서 흔히들 하는 말 중에 '나는 없다'라는 표현들을 많이 하고 있다. 그런데 이를 설명하는 것을 들어보면, 대개는 얼버무리거나 설명이 난해하고 복잡하여 이를 듣고 이해하기는 불가능하다. 이것은 생명이 있는 육체가 버젓이 있는데 이를 부정하려고 하니, 설명이 궁색해질 수밖에 없는 것이다.
 '나는 없다'라는 의미는 그런 것이 아니다. 존재함을 나타내기 위하여 전체인 자연이 드러낸 개체를 없다고 하는 것은 억지다.

있음이 드러낸 것인데 없다고 하는 것은 이치에 어긋난다. 나타난 것은 있는 것이다. 그러므로 생명이 있는 몸과 의식은 드러난 그대로 존재를 하는 것이 이치에 맞다.

없다고 하는 것은 '마음이 없다'라는 것이다. 사람들은 마음을 나라고 착각하며 산다. 나는 몸과 마음으로 되어 있고 주체는 마음이라고 알고 있다.

그러나 마음은 없다. 그러므로 마음을 나로 삼아 사는 나는, 없는 존재인 것이다. 다시 말하면 '나는 없다' 할 때의 나는, 마음을 나로 알고 사는 내가 없다는 뜻이다.

마음을 나로 삼지 않아야 한다는 것을 말하고 있음이다. 마음을 나로 알고 사는 것은 죽은 것과 다르지 않으니 한 말이다. 나는 없고 마음만 설쳐대고 있으니 나온 말이다.

마음은 없다. 그런데도 인간들은 마음을 나로 착각한다. 또한, 이 마음의 세상을 지키고 유지하느라 애를 쓴다. 이를 일러 '에고'라고 하고 '자존'이라고 한다.

그러나 세상은 본래 깨끗하기가 그지없다. 인간만이 자기만의 마음 세상이라는 허상의 시커먼 분별의 세상을 만들어 놓고 그곳에 갇혀서 산다.

마음 세상은 복잡하다. 각자가 서로 다른 세상을 가진 채, 자기를 중심으로 하는 세상을 만들려고 혈안이 되어 있다. 복잡한 것은 당연하다. 그러므로 필요한 것은 법과 규칙과 계약서뿐이고,

그것들의 강도는 점점 더 세지고 난해해지는 것이다.

마음 세상은 불완전하다. 한시도 편안할 틈이 없다. 마음 세상을 산다는 것은 환영을 유지하는 것이나 마찬가지다. 환영을 유지한다는 것은 불가능하다. 환영 같은 삶을 유지하려고 하니 노심초사 불안의 연속이다.

이 상황은 나만이 그러는 것이 아니다. 세상의 모든 사람이 이런 꼴이다. 불안하니, 안전장치에 목숨을 건다. 보험 시장이 커지는 것이 이와 무관하지 않다. 또한, 최대한 부를 축적하느라 여념이 없다. 그 결과 부의 불균형이 점점 더 심해지고 있다.

마음 세상은 허전하다. 없는 것이니, 허전한 것은 당연하다. 마음이 없다는 것을 모를뿐더러 마음이 자기 자신이라고 굳게 믿고 있다. 없는 것을 있다고 착각하고 있는 한, 허전함에서 벗어나는 방법은 없다. 고작 할 수 있는 것은 탐닉과 집착뿐이다.

그러나 아무리 많이 쌓고 채운다고 해도, 아무리 흥분을 유발한다고 해도, 마음 세상의 허전함에서 벗어날 수는 없다. 그러니 세상은 점점 더 물질 만능과 환각 속으로 빠져들 수밖에 없는 것이다.

마음 세상은 답답하다. 답답한 정도가 아니라 캄캄하다. 그것은 기억을 기반으로 하는 생각과 상상과 감정이 뭉쳐진 마음이 만든 세상이라서 그렇다. 하루에도 오만 가지 마음이 일어난다고 했다. 이러한 마음과 마음이 쌓인 것이 마음 세상이다. 빈틈없이 짜인 그물과도 같은 상태가 마음이다.

마음 세상은 혼자만의 세상이다. 실체가 없으니 다른 사람은 볼 수가 없다. 없는 것을 말로 설명하여 설득해야 한다. 답답할 수밖에 없는 노릇이다. 서로 이런 마음을 가지고 살면서 자기의 마음을 몰라줘서 야속하다 하고 속상하다 한다.

 복잡하고, 불완전하고, 허전하고, 답답한 것이 마음 세상이다. 이런 마음을 드러내야 하는 것이 마음 세상을 사는 우리네의 삶이다. 그렇지만 아무리 세상에 없는 마음을 드러내고 뽐내봐야 허상인 것을 어쩌랴!

지금 여기 세상

이름 (말,글)	현상
의식 = 영혼 = 정신 = 순리 (섭리, 이치) = 진리 (영·생·불변) = 신 = 본성 = 자연 = 우주허공 = 일체 · 하나 = … : 있음 = 진짜 (지금 · 여기)	의식 = 지금 · 여기 : 철듦 = 정신 = 차림 = 마음 멈춤 = 마음 없음 = 나 없음 = 필연·절대 = 지혜 = 제자리로 옴 = 본래 = 깨달음 = 열린세상 = … : 자연스런 순리의 삶 / 성공, 잘남, 목적

    지금 여기의 세상만이 실제로 존재하는 세상이다. 세상 어디에도 이 세상 말고는 따로 존재하는 세상은 없다. 만약에 그런 세상이 있다면 그곳은 마음이 만들어 낸 환상이다.

    지금 여기의 세상을 부르는 이름은 무수히 많다. 그렇지만 지금 여기의 세상을 인간의 말과 글로 이름을 붙일 수는 없다. 또한, 지금 여기의 세상이 이름을 만들어 불러 달라고 부탁하지도 않았다. 그저 분별을 좋아하는 인간들이 이렇게 저렇게 부르는 것일 뿐, 지금 여기의 세상이 가지고 있는 본질과는 무관하다.

    의식은 지금 여기의 세상과 일치되어야 완전하다. 이런 완전함을 일컬어 '영혼'이라 하고 '정신'이라 한다. 순리, 섭리, 이치가 지금 여기다. 지금 여기가 진리다.

인간들이 지금 여기 세상을 가장 많이 흔하게 부르는 이름은 '신'이다. 그 신의 이름은 나라마다 다르고 종교마다 다르다. 그래서 신을 부르는 이름은 5만의 종파에 따라서 다르다. 이러하거늘 말과 글이 다르다고 해서 자기들의 신이 유일신이고 진짜라는 주장을 펴고 있다. 어쩌면 신은 보지도 못하고 귀신 놀음만을 하고 있는지도 모른다.

지금 여기의 세상이 자연이다. 우주이고 허공이다. 지금 여기 세상은 일체가 하나로 존재한다. 그래서 세상 그 자체인 것이다.

지금 여기의 세상은 덧붙여 설명할 필요가 없다. 왜냐하면, 모든 일상이 지금 여기의 세상이 아닌 곳이 없기 때문이다. 세상의 모든 존재하는 것들은 지금 여기 세상에 있다. 지금 여기의 세상을 벗어나 존재하지 않는다. 다만, 마음을 가진 것들만이 착각하고 있을 뿐이다. 그 착각 또한 지금 여기를 벗어나지 않는다.

그러므로 지금 여기 세상만이 진정, 있는 세상이고 진짜 세상이다. 강조하건데, 결코 다른 세상은 존재하지 않는다. 이를 믿고 사는 것이, 따르고 사는 것이, 지혜로운 사람이다.

지금 여기를 의식하여 사는 것이 철듦이다. 정신 차림이다. 뭉게구름처럼 피어나던 마음이 멈춘 세상이다. 정신을 차리면 구름이 걷혀 햇빛이 빛나듯 지금 여기의 세상이 드러난다. 지금 여기 세상에는 마음이란 없다. 마음을 나로 착각하고 있는 나 또한 없다.

지금 여기의 세상은 이것이 있어 저것이 있고, 저것이 있어 이것이 있는 인연법의 상대 세상이 아니다. 자연이라고 하는 지금 여기는 본래부터 존재하던, 그 이치대로 존재하는, 절대불변의 세상이고 필연의 세상이다. 오직 하나의 공간이고, 이치고, 생명의 세상이다.

지금 여기의 세상은 숨김없이 다 펼쳐져 드러나 있는 세상이다. 그러므로 모를 것도 없고, 알아야 할 것도 없는, 있는 그대로 지혜 그 자체인 세상이다. 또한, 마음 없음은 모든 것을 제자리로 돌아오게 한다. 그래서 본래라고 하는 것이다.

깨달음은 어려운 것도 알음알이가 많아야 하는 것도 아니다. 단지 의식이 지금 여기와 일치하기만 하면 된다. 착각하여 마음속에 들어가 있는 의식을 깨우기만 하면 된다. 어쩌면 깨달음이 세상에서 가장 쉬운 일인지도 모른다.

지금 여기의 세상은 열린 세상이다. 숨김없이 드러난 세상이다. 누구나의 세상이고 가져도 가져도 끝이 없는 세상이다. 그러므로 이 세상은 내 것이라고 하며 쌓아 놓을 필요가 없다. 왜냐하면, 그 자체가 나의 금고이기 때문이다. 필요하면 취하고 사용하기만 하면 되는데, 이를 힘들게 내 것이라고 주장하며 움켜쥐고 있을 이유가 없는 것이다.

지금 여기의 세상은 완전무결 절대 진리의 존재다. 너와 내가 따로 없는 하나의 세상이다. 이 세상은 가야 하는 곳도, 찾아야 하는 곳도 아니다. 단지, 마음의 착각을 벗기만 하면 되는 곳이다. 지금 여기의 세상에 사는 것이야말로 성공한 것이고 잘난 것이다. 이것이 우리의 삶이고 목적이다.

지금 여기 세상 = 있음

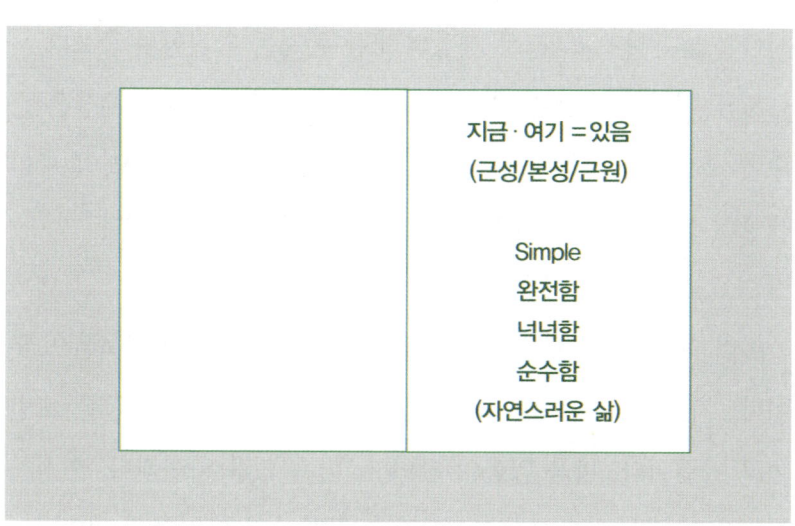

　지금 여기의 세상만이 있는 세상이다. 이곳은 찾아서 가야 하는 곳도 아니고, 언젠가는 도달해야 하는 곳도 아니다. 지금 여기가 바로 그곳이다. 내가 사는 이곳, 이 순간이 지금 여기의 세상이다. 이곳은 마음이 없어 맑고 깨끗한 세상이다.
　지금 여기의 세상은 모든 것의 근본이고, 본성이고, 근원이다. 전체이고 하나이다. 세상의 모든 개체는 이를 통해 드러나고 존재한다. 이것이 세상의 이치이고 섭리다.

세상은 단순하다. 다 드러나 있고 숨길 것이 없어 간결하다. 모든 것이 하나인 세상이다. 너와 내가 없는 세상이다. 서로 내세울 마음이 없다는 것이 지금 여기 세상의 핵심이다.

지금 여기의 세상은 완전하다. 영생 불변의 진리는 완전함의 증표다. 완전하지가 않다면 영생 불변의 섭리는 없다. 완전함은 완전함을 낳는다. 그러므로 세상의 모든 존재는 완전함의 증표다.

지금 여기의 세상은 넉넉함 그 자체다. 지금 여기의 세상은 순수한 세상이다. 그러므로 단순하고, 완전하고, 넉넉하고, 순수한 세상의 삶은 말할 것도 없이 자연스러운 삶일 수밖에 없다.

이런 세상과 이런 삶을 벗어난다는 것은 참으로 어리석은 노릇이다. 자기만의 마음의 성을 쌓겠다고 고집을 부리는 꼴은 교만이고 아집이다. 마음 없음이 답이다. 마음 없음이 진리다. 인정하고, 믿고, 포기하고, 따르는 사람만이 하나의 완전함에 귀의하는 이치를 깨달을 일이다.

세상의 본질

몸(허공) + 생명 + 의식(순리)
= 세상 = 하나 = 전지전능
= 영생불변 / 지금·여기 =
우주의 섭리 = 자연의 이치
= 세상의 본질(本質)

세상의 본질을 모르고 사는 것은 내가 누구인지를 모르고 사는 것과 같다. 왜냐하면, 세상의 본질은 나의 근원이기 때문이다. 부모가 없이 내가 존재할 수 없는 것과 같이 나의 본질은 세상의 본질을 바탕으로 하여 존재한다. 이것이 자연의 섭리고 이치다.

무한대의 우주 공간이 있다. 부르는 이름은 제각각이나 보통은 허공이라 부른다. 허공은 생명체의 몸체에 해당한다. 모든 근원의 바탕이다. 허공은 생명의 근원으로 생명 그 자체다. 우주 허공이 살아있지 않다면 우주의 모든 생명체는 존재하지 못한다. 이 생명 자체인 우주 허공은 자연의 섭리인 순리의 의식에 따라서 태동한다. 이것이 자연의 이치다.

　허공과 생명과 의식이 세상을 이루는 근본이다. 조건이 셋이라 각기 존재하는 듯하지만, 하나 그 자체다. 왜냐하면, 셋은 한 번도 분리된 적이 없을뿐더러, 셋 중에서 그 어떤 하나라도 빠진다면 세상은 존재할 수가 없기 때문이다.

　이 하나의 세상은 전지전능 그 자체다. 전지란 모든 것을 다 안다는 것이고, 전능이란 모든 것을 행한다는 의미다. 하나의 세상이니 모르는 것이 없는 것은 당연하다. 세상은 숨김없이 드러나 있다. 이것을 모를 수는 없다. 모르는 것이 이상한 것이다.

　또한, 세상의 모든 것들은 자연의 이치에 따라서 나타나고 사라진다. 그러므로 세상의 만상 만물은 자연이 드러내지 않은 것이 없다. 일체를 드러내고 본래로 거두어들인다.

　세상은 영생 불변의 존재다. 세상의 본질인 허공과 생명과 순리는 영원히 살아 숨 쉬며 변하지 않는다. 영원 전에도 이대로 살아 있었고, 지금도 살아있으며, 영원 후에도 이대로 변하지 않고 존재한다. 이것이 우리의 본질인 세상이다. 다만, 이 세상에서 개체만이 나타나고 사라질 뿐이다.

　영원하고, 살아있고, 변하지 않는 우리의 세상은 바로 지금 여기다. 이 세상은 지금 여기가 아닌 적이 한 번도 없었다. 지금 여기를 두고 다른 곳이 존재할 수는 없다. 그래서 마음이 없다는 것이다.

　지금 여기, 이 순간은 영원과 맞닿아 있다. 그러나 인간의 마음이 이를 둘로 나누어 놓고 영원이니, 지금 여기니 하며 분별을 할 뿐이다. 이것이 우주의 섭리이고, 자연의 이치다. 이것이 세상의 본질인 것이다. 그러므로 세상의 모든 것들은 본질을 벗어날 수가 없다. 이를 벗어난다는 것은 어불성설이다.

그러나 인간만이 이를 거부하고 있다. 마음 세상을 붙들고서 이것을 나인 것처럼 여기며 산다. 죽음의 삶에 있으면서도 살아있는 줄 착각하며 산다. 그래서 철부지 바보 천치인 것이다. 천치는 '선천적으로 정신작용이 온전하지 못하여 어리석고 못난 사람'이 아니다, 천치는 세상의 이치를 모르는 사람이다. 세상의 본질을 모르는 사람이다.

'철듦'은 '세상의 본질을 깨달아 사는 삶'이다. 모두 정신 차려 철듦에 접어들었으면 하는 바람이다. 철들어 사는 어른으로 다가서길 고대한다.

나?

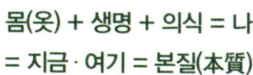

> 몸(옷) + 생명 + 의식 = 나
> = 지금 · 여기 = 본질(本質)

> 몸 + (마음) = 나 = ?

   생명이 있는 몸과 의식이 있어 나라고 한다. 나는 자연을 본질로 하여 나타났다. 그러므로 언제나 지금 여기에 존재하고 있어야 한다. 이것이 나의 본질이다. 그런데 이를 벗어나 몸과 마음을 나라고 하며 살고 있다. 이것은 본질을 벗어난 엄청난 오류이고 착각이다.
   유한한 몸과 존재하지 않는 마음을 나로 삼아서 사는 것은 끊임없는 오류 속에서 헛된 꿈만을 좇다가 생을 마감하는 길이다. 아무리 잘산다고 해도, 아무리 멋지게 산다고 해도, 아무리 도도하게 산다고 해도, 아무리 부를 축적하고 산다고 해도, 아무리 명예와 권력을 누리고 산다고 해도, 이 길을 벗어날 수는 없다. 이것이 몸과 마음을 나로 삼은 사람의 삶이다.

 몸은 옷이다. 몸은 개체를 드러내기 위한 것일 뿐이다. 이렇다 할 의미를 둘 필요가 없다. 몸을 가지고 태어났다는 것은 외출하려 옷을 걸치는 것과 다르지 않다. 몸은, 외출에서 돌아와 옷을 벗듯 언젠가는 스러지게 되어 있다.
 이런 유한한 몸에 특별히 집착하거나 뜻과 의미를 둘 필요는 없다. 다만, 자연의 흐름에 따라서 저절로 흐르도록 보살피기만 하면 된다. 그러므로 굳이 억지를 부려대며 몸에 매달려 집착할 필요는 없다.
 본질로 되돌려야 한다. 마음 없음의 길로 돌아와야 한다. 이것이 정신 차림이고, 철듦이다. 철들어 산다는 것은 나를 찾아 진리의 길에 들어섰음을 의미한다.
 본래 영생 불변 무한 공간의 우주 섭리인 순리는 개체가 드러난다고 해서 너와 나로 분리되는 존재가 아니다. 둘이 되는 존재가 아니다. 본질은 언제나 전체인 하나로서 지금 여기에만 존재하고 있다. 그러므로 옷을 걸치고 몸을 드러냈다고 해서 전체를 벗어나 분리된 것으로 착각하는 것은 어리석은 일이다.
 만상 만물은 옷을 걸쳤다고 해도, 개체를 잠시 드러냈을 뿐이지 절대로 전체인 본질을 떠날 수는 없다. 우주 허공에서는 아무리 옷을 잘 차려입어도 우주 허공을 벗어나 독립된 개체를 만들 수는 없다. 더군다나 생명이야 더 말할 필요가 없다. 몸을 받아 태어났다고 해도, 영생 불변 우주 자연과 연결된 생명을 개체가 소유할 수는 없다.

의식도 마찬가지다. 의식은 앎이고, 깨달음이고, 눈이고, 귀고, 온몸이다. 자연의 섭리를 떠난 의식은 의식이 아니다. 그것은 말이 의식이지 우주의 섭리를 따르는 의식은 아니다. 그러므로 마음을 나로 삼은 것은 아집이고 착각일 뿐이다.

옷을 걸치고 나타난 몸이라고 해도 자연의 무한 공간임에는 변함이 없다. 몸은 나타나거나 스러지거나 자연의 무한 공간과 그대로 하나다. 이렇게 몸은 자연의 무한 공간과 한순간도 떨어진 적이 없다.

마찬가지로 나라는 생명도 우주의 살아있음과 분리되어 존재하지 않는다. 분리될 수도 없을뿐더러 분리가 된다고 하더라도 홀로 생존할 수도 없다. 이것이 나의 생명인 것이다.

의식도 이런 이치를 벗어나지 않는다. 의식도 그대로 자연의 순리와 이어져 존재한다. 그러므로 나라는 생명이 있는 몸과 의식이 세상과 따로 떨어져 존재한다고 여기는 것은, 마음을 나라고 여기고 있는 의식이 빚어낸 착각에 불과하다.

나라는 존재는 아무리 옷을 입고 개체로 드러났다고 하더라도 하나의 자연에서 분리될 수는 없다. 옷을 입어도 자연이고 옷을 벗어도 자연이다. 이런 이치는 세상의 모든 만상 만물이 가지는 공통의 속성이다. 그러므로 세상의 모든 존재하는 것들은 개체이면서 전체이고, 전체이면서 개체인 것이다.

철듦의 조건

인정 & 포기
믿음 & 실천
거부 & 무시

철듦에 있어 특별한 비결은 필요하지 않다. 왜냐하면, 철듦은 착각을 벗는 일이기에 그렇다. 아! 착각이지. 지금 여기뿐이지. 정신 차려야지……. 이 정도면 된다. 이것 또한 마음을 나와 동일시하고 있는 의식의 영역이기는 하지만 그래도 좋다. 이런 출발이면 가능하다.

철듦의 첫 번째는 인정과 포기다. 마음이 없다는 것은 인정하고 이제는 더 마음으로 살지 않겠다는 의식의 변화가 필요하다. 철듦은 마음의 집착과 의미의 강도를 낮추는 것이다. 그러므로 마음이 없다는 것을 인정한 후의 변화는 놀랍다. 더군다나 더는 마음으로 살지 않겠다는, 마음 세상을 포기한 후의 변화는 삶의 모든 부분을 변화시킨다.

두 번째는 믿음과 실천이다. 지금 여기뿐임을 믿고 자연스러운 삶을 실천하는 것이 중요하다. 흔들리는 마음을, 불안한 마음을, 화나는 마음을, 슬픈 마음을 벗어나는 방법은 의식을 지금 여기에 두는 것이다.

세 번째는 거부와 무시다. 생각과 상상과 감정이 올라오면 거부하면 된다. 무시하면 된다. 지금 여기에 없는 것은 없는 것이다. 없는 것에 의미를 두거나 집착할 필요는 없다.

철듦생활 – 철듦 힐링테라피

들려옴	나타남	움직임	숨 쉼	호명
의식하여 정신차리기	의식하여 정신차리기	의식하여 정신차리기	의식하여 정신차리기	의식하여 정신차리기

　철듦은 일상이다. 철듦은 의식하여 정신 차리는 것일 뿐, 특별한 방법이나 가르침이 필요하지 않다. 철듦은 마음속에서 기억을 더듬고, 생각하고, 상상하고, 감정을 표출하고 있는 의식을 지금 여기에 온전히 깨어나도록 정신을 차리는 것이다.

　나를 구성하는 3요소는 몸, 생명, 의식이다. 생명이 있는 몸이 있어 의식이 나타난다. 나의 몸은 언제나 지금 여기에 존재한다. 그래서 의식도 몸과 같이 지금 여기에 있다는 착각을 하게 된다.

　그러나 안타깝게도 의식은 대부분 지금 여기에 머물지를 않는다. 의식이 머무는 곳은 마음이다. 지금 여기를 벗어나 마음에 머무는 의식은 마음으로 모든 것을 판단하고 행동한다. 마음을 나로 착각한 채, 마음에 매여서 산다. 이런 상황을 '마음 동일시'라고 한다. 이 마음 동일시에서 깨어나 정신 차리게 하는 방법이 철듦생활(철듦 힐링테라피)이다.

철듦을 하는 가장 큰 이유는 '의식을 온전히 지금 여기에 머물도록 정신을 차리는 것'에 있다. 왜냐하면, '지금 여기'만이 살아서 세상에 존재하는 곳이기 때문이다. 반면, 마음은 이 세상에는 존재하지 않는 착각이 만들어 낸 허상으로서 이 마음을 나로 알고 살면 안 된다.

지금 여기와 마음, 의식이 머무는 곳은 이 둘 중의 하나다. 의식은 하나라서 동시에 두 곳에 머물지를 못한다. 지금 여기에 오게 하는 방법은 간단하다. 정신을 차리면 된다. 정신을 차린 의식은 마음을 벗어나게 되어있다. 정신을 차리게 하는 방법이 일상의 곳곳에 있다. 이를 잘 활용만 하면 우리는 쉽게 마음에서 벗어나 자연스럽게 살 수가 있다.

철듦 힐링테라피(1) – 들려옴

철듦생활(철듦 힐링테라피), 첫 번째는 '들려옴 의식하여 정신 차리기'다. 생활 속에는 수없이 많은 소리가 있다. 이 소리로 우리는 정신을 차려 철듦에 이를 수가 있다. 이 방법을 잘 활용하면 우리는 24시간 저절로 명상이 되는 철듦 명상을 체험하게 된다.

여기에서 중요한 것은 듣는다는 들음이 아니고 들려옴이라는 사실이다. 왜냐하면, 듣는다고 하면 마음으로 듣기에 그렇다. 들려옴을 의식하는 것이다. 나라는 마음으로 듣는 것이 아니고, 지금 여기에서 의식하는 것이다. 의식하여 정신을 차리는 것이다. 들려오는 소리를 의식하는 순간, 바로 지금 여기의 살아 숨 쉬는 세상이 열린다. 마음으로 듣게 되면 분별을 하게 된다. 마음속에 빠진 의식은 들려오는 소리를 듣지 못한다. 소리를 듣고 좋다거니 싫다거니 시비를 하거나, 골똘히 생각에 잠기면 주변의 소리가 끊어져 들리지 않는 것 등이 이런 경우다.

노크를 한번 해보자. '똑! 똑!' 소리가 들려온다. 그 소리가 들려오는 순간이 지금 여기다. 이 순간은 마음속이 아니다. 이렇게 소리가 들려옴을 의식하여 정신을 차리면 된다. 정신 차려 들려오는 소리를 의식하는 것, 철듦생활이다.

철듦 힐링테라피(2) – 나타남

철듦생활(철듦 일링테라피), 두 번째는 '나타남 의식하여 정신 차리기'다. 우리는 눈으로 사물을 본다.

그러나 안타깝게도 보기는 보는데 의식이 마음과 하나라서 마음으로 본다. 귀로 듣는 것과 마찬가지로 분별의 세상을 만들어 본다. 보는 것 같지만 보지 못하는 경우가 다반사다. 마음에 빠져서 눈이 있어도 보지 못하는 것이다.

'본다' 했을 때는 마음이 보는 것이라서 세상 중심이 아니라 마음 중심이다. 객관적이지가 않다. 극히 주관적이고 편협하다. 그래서 철듦은 '나타남'이다. 세상에 드러나는 것을 있는 그대로 의식하는 것이다.

세상은 나타남의 세상이지 보임의 세상이 아니다. 나타남은 지금 여기의 의식이고, 보임은 마음으로 의식한 것이라서 그 의미와 뜻은 살아있음과 죽음만큼의 차이가 난다.

매 순간 세상의 만물과 만상은 새롭게 펼쳐진다. 드러나고 나타난다. 한 번도 같은 만물과 만상은 없다. 지금 여기, 나타남을 의식하여 정신을 차리면 된다. 정신 차려 나타남을 의식하는 것, 생활 명상이다.

철듦 힐링테라피(3) – 움직임

　철듦생활(철듦 힐링테라피), 세 번째는 '움직임 의식하여 정신 차리기'다. 우리는 매 순간 이렇게 살아 움직이고 있으면서도 이를 의식하지 못하고 산다. 무의식적으로 움직인다. 마음으로 살기에 그렇다.

　몸의 움직임을 의식하는 정신 차리기는 마음으로부터 의식을 지금 여기로 나오도록 하는 쉽고도 효과적인 방법의 하나다. 산책하면서 실천해 보면 매우 효과적임을 알게 된다. 한 발, 한 발 걷고 있음을 의식하게 되면 무심코 마음속으로 들어가던 의식을 멈추게 한다. 발길을 되돌려 지금 여기로 돌아 나오게 한다.

　천천히 맨손체조나 율동을 할 때도 유용하다. 한 동작, 한 동작 움직임을 의식하면서 정신을 차리다 보면 오롯이 지금 여기에 살아있음을 확인하게 된다. 이처럼 철듦생활은 어려운 일도 비용이 드는 일도 아닌 우리의 일상이다.

철듦 힐링테라피(4) – 숨 쉼

철듦생활(철듦 힐링테라피), 네 번째는 '숨 쉼을 의식하여 정신 차리기'다. 숨 쉼은 살아있음을 확인하는 동시에 자연의 흐름과 리듬을 같이하고 있음을 확인하게 하는 우주의 맥박이다. 따라서 숨이 들고 남을 의식하여 정신을 차리다 보면 자신이 자연임을 더욱더 확신하게 된다. 들이쉼을 의식하고 내쉼을 의식하다 보면 저절로 마음에서 벗어나게 되고 지금 여기에 머물게 된다.

숨 쉼을 의식하는 방법은, 철듦은 물론 불면증에도 도움이 된다. 불면증은 꼬리에 꼬리를 물고 이어지는 마음의 생각 때문에 생긴다. 그러나 정신 차린 의식으로 한 숨, 한 숨 들이쉬고 내쉬다 보면 마음의 생각 꼬리는 더는 발붙일 곳을 잃는다. 어느새 잠이 든다.

철듦 힐링테라피(5) – 호명

철듦생활(철듦 힐링테라피), 다섯 번째는 '호명 의식하여 정신 차리기'다. 자신의 이름이 불리기는 하여도 직접 불러보는 경우는 드물다. 아주 낯설다. 자신의 이름을 조용히 불러보자. 소리 내서 불러도 좋고, 소리로 내뱉지 않아도 좋다.

이름을 부르는 순간, 자신의 이름이 남다르게 다가온다. 마음에 들어가 있던 의식이 화들짝 놀라 지금 여기로 튀어나오게 된다. ㅇㅇ야~~~, ㅇㅇ아~~~, 자신의 이름을 부르다 보면 어느새 지금 여기에 오롯이 서 있는 자신의 본래 모습과 마주하게 된다.

철듦의 LEVEL별 과정과 변화

LEVEL	과정	변화
의식 1	간간히 철듦 (1~5회)	– 마음의 집착 강도가 낮아짐 – 마음과 분리가 시작됨 – 마음의 병의 원인에 접근함
의식 2	수시로 철듦 (6회~)	– 마음의 집착 강도가 현저히 낮아짐 – 마음의 병! 굿바이~ – 철드는 재미를 깨닫게 됨
의식 3	언제나 철듦 (24시간)	– 마음과의 동일시에서 벗어남 – 하나의 자연으로 살아감 – 지혜로운 순리의 삶을 영위함

 철듦은 굳이 LEVEL이나 횟수로 구분 지을 필요는 없다. 철듦을 통한 변화의 정도도 개인별로 각기 다르게 나타나기에 이를 세분화하기도 쉽지가 않다. 단지, 이렇게 구분을 지어본 것은 어느 정도의 개념 정리가 철듦의 의구심 내지는 지루함을 상쇄시켜 줄 수도 있지 않을까? 하는 바람에서다.

철듦의 LEVEL을 나누면 3단계 정도면 되지 싶다. 의식 1의 단계에서는 마음의 집착 강도가 낮아지며, 마음 동일시에 조금씩 틈새가 벌어져 의식이 마음을 밀어내는 상황을 맞이한다. 그 결과 마음의 병의 원인에 접근하여 이를 치유하는 출발선에 서게 된다. 이러한 변화는 철듦생활(철듦 힐링테라피) 5가지의 방법 중에서 아무것이나 하루에 1~5회 정도 실천하는 '간간이 철듦'이면 그 맛을 볼 수가 있다.

의식 2단계에서는 마음의 집착 강도가 현저히 낮아지며, 마음의 병과 굿바이를 하게 되는 동시에 철이 들어 성숙해지며, 세상을 깨달아 가는 재미에 푹 빠지게 된다. 이러한 변화는 생활 속에서 수시로 철듦이 이뤄질 때 가능하다. "○○야(아)! (정신 차려야지)." 아침 점심 저녁과 자기 전 등, 하루에 6회 이상 자신의 이름을 부르기만 해도 충분하다. 정말로 마음 없음이 저절로 의식되며 지금 여기에 오롯이 깨어나게 된다.

의식 3단계에서는 마음과의 동일시에서 완전하게 벗어나게 되며, 하나의 자연으로 거듭나게 되면서 지혜로운 순리의 삶을 만끽하는 순간을 맞이한다. 이 상태는 삶 전체가 철듦에 젖어 들어야 가능하다.
  어쩌면 이 LEVEL은 매 순간 모든 일상이 철듦에 물들어 있어야 가능한 일이지만, 그렇다고 이 과정이 그리 어려운 것도 아니다.

자연스럽게 스며든 철듦에 일상을 내맡기는 그것만으로도 충분하다.

다만, 전제되어야 할 것이 있다면 인정과 포기, 믿음과 실천이 중요하다. 마음 없음이 충분하게 인정되어야 하며, 더는 마음에 끌려다니는 삶은 살지 않겠다는 다짐이 있어야 하며, 자신이 진짜로 자연임을 믿고, 철듦을 꾸준히 실천하는 자세가 중요하다.

철듦의 핵심 POINT

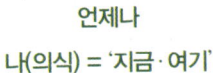

**언제나
나(의식) = '지금·여기'**

   철듦의 핵심 POINT는 '언제나 나(의식)는 지금 여기에 있어야 한다'라는 것이다. 세상은 오직 지금 여기뿐이다. 지금 여기가 아닌 적이 없다. 그러므로 내가 존재하여야 하는 곳도 지금 여기다. 어제 일도 지금 여기 일이고, 오늘 일도 지금 여기 일이고, 내일의 일도 지금 여기의 일이다. 지금 여기는 영원과 맞닿아 있다. 지금 여기가 영원이고, 영원이 지금 여기인 것이다.

철듦을 쉽게 하는 TIP

- 마음으로 하는 것이 아니므로 ('해야지'가 아니다)
- 의식하여 정신 차리기
- 의도적으로 말고 (저절로, 내맡김)
- 만들고 그리면 안 됨 (본래 있었던 것)
- 되는 것이 아니고(착각에서 정신 차리는 것)
- 억지로 말고 (자연스럽게)

철듦은 일상 속에 있으므로 무척이나 쉽다. 하지만 정신을 차린다는 것이 마음과 영영 이별하는 것이라서 그리 만만한 일은 아니다.

마음은 인류의 먼 조상으로부터 지금까지 인류를 지배했다. 인류가 마음이라는 선악과를 입에 문 순간, 탯줄이 잘려 나가듯 인간은 우주의 미아가 된 것이다.

철듦은 마음과의 이별 연습이라고 해도 과언이 아니다. 어쩌면 이별 연습은 어린아이의 걸음마처럼 아주 느리고 천천히 익숙해지지 않을까 싶다. 조급하면 넘어질 것이고, 무리하면 중도에 포기할지도 모른다. 그러니 아주 천천히 아장아장 걸어가길 권해 본다.

철듦은 마음으로 하는 것이 아니다. 마음을 먹으면 안 된다. '해야지'라는 마음을 먹지 말아야 한다. 그저 들려옴을 의식하면 되고, 나타나면 의식하면 되고, 움직이고 있음을 의식하면 되고, 숨 쉼을 의식하면 되고, 이름을 불러 의식하면 그만이다.

철듦은 의식하여 정신 차리는 것일 뿐이다. 절대로 의도적으로 접근하지 말아야 한다. 철듦은 가을날 단풍이 물들어 가는 것처럼 하여야 제맛이 난다. 따라서 철듦은 마음으로 그리거나 만들면 곤란하다.

철듦은 마음으로 그리거나 만든다고 해서 내 것이 되거나 구체화하는 것이 절대로 아니다. 철듦은 원래부터 제 자리를 차지하고 있던, 한 번도 변함이 없던 근본에 다시 안기는 일이다.

철듦은 그 무엇이 되어 가는 과정이 아니다. 단지, 착각에서 깨어나 정신을 차리는 것이다. 그러므로 철듦은 억지로 하거나 의도적으로 접근해서는 곤란하다. 물이 흐르듯, 바람이 지나가듯, 아주 아주 자연스럽게 진행되어야 한다. 그래야 철듦의 제맛을 알 수가 있다.

철듦사상의 CHECK POINT

마음 영역		철듦 영역
마음세상	마음공부	지금·여기
심리(心理)주의 형식(形式)주의 개인(個人)주의	이상(理想)주의 허무(虛無)주의 맹신(盲信)주의	이성(理性)주의 자연(自然)주의 합리(合理)주의
(없음)	(없음)	(있음)

 철듦에 있어서 꼭 짚고 넘어가야 할 부분이 있어 이를 CHECK POINT로 해서 설명하고자 한다. 우선은 크게 마음의 영역과 철듦의 영역으로 나눌 필요가 있다. 마음 영역은 마음 세상과 마음공부로 세분화할 수가 있겠고, 철듦 영역은 지금 여기로 설명할 수 있다.

 마음의 영역인 마음 세상과 마음공부는 존재하지 않는 마음을 전제로 한다. 당연히 그 결과는 없음과 연결된다. 반면, 철듦 영역은 지금 여기에 기반을 두는 것이다. 당연히 있음과 연결된다.

마음 영역인 마음 세상과 마음공부를 살펴보자. 마음 세상은 마음이 중심인 세상이다. 모든 것을 마음에 기반을 두고 있다. 마음의 이치를 이해하려고 애쓰는 심리주의가 대표적이다. 속칭 철학자들이 펼치는 논리가 이에 해당한다. 또한, 심리학이나 상담심리학 등도 마음 세상의 한 주류사상이다.

세상을 형식적인 틀에 묶으려는 형식주의가 있다. 이를 토대로 한 것이 집단화 내지는 국가의 성립으로 발전된 것이다. 아울러 마음 세상은 철저하게 개인주의를 표방하게 되어 있다. 이것은 마음은 나만이 있다고 착각한 세상이라서 그렇다. 오로지 나 혼자만의 세상이기 때문이다. 그러나 이 모든 것들은 세상에는 존재하지 않는 것으로 불안전하고, 복잡하고, 답답한 세상일 뿐이다.

불완전한 마음 세상을 다듬어 보고자 고군분투하는 것이 있으니, 속칭 마음공부의 영역이다. 마음을 이해하고, 다듬고, 매만지면 난해하고, 복잡하고, 답답하고, 허전한, 인간 삶의 모든 문제가 풀리리라는 기대에서 시작된 영역이다.

그러나 본래로 이어지는 '마음 없음'이라는 것을 깨닫지 못하는 한, 마음의 문제는 풀리지 않는다. 그러므로 마음공부는 이상주의와 허무주의와 맹신주의의 범주를 벗어나기 어렵다.

이상주의를 단정적으로 설명하기는 어렵지만 몇 가지의 예를 들어보면 이해하기가 한결 쉽다. 우선은 인간의 삶과 단절을 통해서 또 다른 삶을 찾는 경우가 있는데, 각종 종교와 특정한 이념을 추구하는 단체에서 운영하는 시설 등이 이에 속한다고 봐도 무방하다. 이외에 개인적인 방황을 하는 경우다. 세상에는 이상향을 추구하여 헤매는 사람들이 꽤 많다. 숲에 들어간다든지, 일정한 공간에 기꺼이 갇히길 거부하지 않는 사람들이 그 한 예라고 할 수 있다.

허무주의는 삶에 물음표가 있어 이를 극복하고자 마음공부를 시작하였으나, 이것 또한 별 볼 일이 없음을 알고 더는 물음표를 갖지 않는 경우다. 어떻게 보면 가장 현실을 잘 이해한 것일 수도 있다. 그러나 자칫 막다른 골목에서 혼자 힘들어질 염려가 있다. 이런 경우 찾아들게 되는 것이 맹신이다.

맹신주의는 우리 주변에 부지기수로 많다. 명상, 종교, 샤먼 등을 표방하며 진화를 거듭하고 있다. 그런데 이런 상황을 초래한 것이 자연발생적이 아니라는 것에 주목할 필요가 있다. 어쩌면 이런 현상은 기성 종교들의 무책임, 변질, 일탈이 불러들인 결과라고 보는 것이 타당할 것이다. 이런 부분에서는 기성 종교들의 책임 있는 자세와 반성이 절실한 지점이다.

마음의 영역에서 신이 만들어지고 종교가 성립되었다. 믿고 의지하고 기댈 곳에 대한 공간의 필요성이 생기자 자연스럽게 이 자리를 차지한 것이 신이고 종교다. 신을 부정하고자 하는 이야기는 아니다. 다만, 지금 종교들이 믿어 받들고 있는 대상이 진리인지, 아니면 주술적인 상징물은 아닌지가 궁금하다는 것이다.

마음에 대한 끝없는 물음표는 철학을 탄생시켰다. 그러나 철학을 통하여 제대로 철드는 방법이 나왔으면 좋으련만 그렇지 못한

아쉬움은 크다. 여기 또한 각양각색, 이합집산이 난무하면서 그 태동의 의미를 잃어버렸다. 각자의 드러남만을 자랑하는 변질의 장으로 전락하여 우스운 꼴을 자처하고 있는 형국이다.

마음 세상의 모든 의문과 의심을 단박에 제거하는 영역이 철듦의 영역이다. '철듦'은 '철들어 행복한 삶'이라는 뜻이다. 철들어 행복하게 사는 사람들. 모두가 '철듦이'가 되었으면 좋겠다.
철듦의 영역은 있음의 영역이라서 이성적이고, 자연적이고, 합리적일 수밖에 없는 영역이다. 어느 한 개인이 좌지우지할 수도 없을뿐더러 누구의 전유물이 될 수도 없다. 이성이란 본래의 성품이라는 의미다. 사람은 자연이라서 자연의 이치대로 사는 것이 맞다. 그러나 자연의 이치를 잊은 지가 오래다. 본래의 성품을 잃어버렸다는 이야기다.
세상은 하나의 자연이라서 이성주의 섭리가 순리다. 이러한 섭리를 역행할 수는 절대로 없다. 이성주의와 같은 말이 자연주의다. 자연주의는 절대적인 필연의 세상이다. 불교에서 말하는 인연법의 상대적인 세상은 마음 세상에나 있는 법칙이다.
철듦의 영역인 지금 여기에 존재하는 세상은 이성주의와 자연주의밖에 없다. 하나의 세상이기에 합리적이다. 한 몸이고, 한 생명이고, 한 정신이다. 이것이 철듦의 세상이다. 철듦의 세상엔 인간이 이름을 붙이고 콩이야 팥이야 할 미신의 대상도, 우매한 종교 따위도 없다. 이것이 철듦사상의 본질이다.

철듦의 과정 정리

철듦 입문과정	철듦 심화과정	철듦 나눔과정
철듦에 눈을 뜸	철듦에 맛을 앎	철듦에 젖어 삶
지금·여기 마음 없음 마음의 병! 굿바이 철듦 힐링테라피	철듦을 익힘 철듦의 재미 인생 내비게이션 성공한 삶	철듦의 완성 철듦의 삶 철듦의 나눔 철듦의 결실

 철듦에 있어서 구태여 과정을 나누거나 시간을 정할 필요는 없다. 그러나 좀 더 쉽게 철듦에 다가서는 방편에서 과정을 나누어 강의했고, 이를 토대로 하여 정리를 한 것이다.

 철듦의 과정은 철듦 입문과정, 철듦 심화과정, 철듦 나눔과정으로 나뉜다. 철듦 입문과정은 철듦에 눈을 뜨는 과정으로 새내기들의 입문자 과정이다. 철학적인 지식이나 종교적인 깊이와 관계없이 마음을 자기라 동일시하고 있는 모든 이들이 대상이다. 이 기초적인 과정을 통과하고 심화과정으로 이어지는 것이 바람직하다. 철듦 심화과정은 철듦의 맛을 아는 과정이다. 여기에서 철들어 행복하게 사는 맛을 알게 될 것이다.

철듦 나눔과정은 철듦을 졸업하는 과정으로 철듦에 젖어 사는 과정이다. 학생의 신분에서 선생의 신분이 되는 과정이다. 철듦은 교육과정의 졸업을 스스로 선언할 수가 있다. 그 증표로써 할 수 있는 것이 학생의 위치에서 철듦을 나누어 주는 선생의 위치로 전환하는 것이다. 선생이 된다는 것은 철듦 과정을 졸업했다는 것을 스스로가 선언하는 것이나 마찬가지다.

함께 살아야 맛이 난다. 철듦에 다다른 사람들과 함께한다는 것은 자연스러운 삶의 최고봉이라 할만하다. "혼자만 잘살면 무슨 재민겨"라는 어느 시골 철학자의 말이 있다. 옳은 말이다. 혼자만 잘살면 재미가 없다. 함께 철들어 사는 것이 진짜 행복이 아닐까 한다.

철듦에 눈을 뜨는 철듦 입문자 과정은 간단하다. 철듦에 눈을 뜬다는 것은 지금 여기에 살자, 마음은 없다, 정신 차려 제대로 살자, 이 세 가지의 축을 깨닫는 과정이다. 이 과정을 통해 정신을 차리게 되면 마음의 병과는 자연스럽게 굿바이 하게 된다.

철듦 입문과정에서는 생활하면서 자연스럽게 의식을 지금 여기와 일치되게 하는 간단하고 쉬운 철듦 힐링테라피를 전해준다. 이 방법은 저절로 정신을 차려 철듦에 이르게 되는 아주 좋은 명약 같은 솔루션이다.

철듦의 맛에 빠져드는 과정이 철듦 심화과정이다. 철학, 종교,

인문 등을 통하여 진리에 목말라했던 철학자, 종교인, 인문학자 등은 막혔던 혈이 뚫려 나가는 경험을 할 것이고, 진리를 빙자하여 사회를 혼란스럽게 하던 모든 미신과 같은 존재들은 설 자리를 잃게 될 것이다.

이 과정에서는 인생의 목적과 성공이 무엇인가에 대하여 재정립하는 계기가 된다. 또한, 삶의 목적지를 정확하게 제시하고 안내하는 인생의 내비게이션을 장착하게 될 것이다. 이 철듦의 인생 내비게이션은 좌충우돌, 중구난방, 우왕좌왕하던 인생에 정확한 좌표를 찍게 해준다. 이렇게 철듦을 생활 속에서 자연스럽게 익히게 되면 그 재미에 푹 빠져들게 될 것이다.

철듦 나눔과정은 철듦에 젖어 사는 과정이다. 철듦에 이르러 완전하게 되면 자연스럽게 철듦의 삶이 시작된다. 덧붙여 철듦을 조금씩 나누어 가다 보면 어느덧 철듦의 열매가 맺게 된다. 이것이 철듦의 맛이다.

철듦 내비게이션

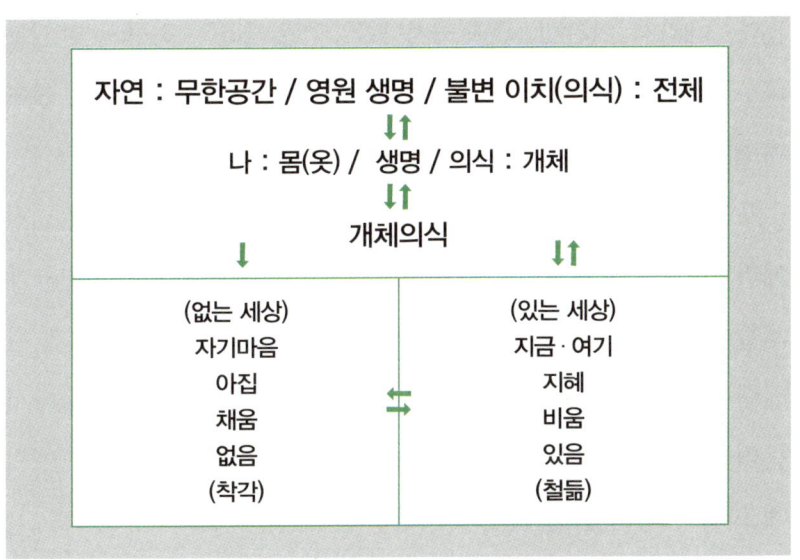

인간의 개념에서 말하고 있는 차원으로 나누어 보자면 마음 세상은 1차원, 마음 세상과 지금 여기 세상은 2차원, 마음 세상과 지금 여기 세상과 전체의 세상은 3차원이라 해도 무난할 것이다. 여기에 4차원의 세상이 있다고 가정하면 그것은 있는 것은 있는 것이고, 없는 것은 없는 것이다. 따라서 세상엔 차원이 없다. 굳이 표현하자면 4차원은 무차원을 이르는 말일 것이다.

인간의 궁극 목적은 무차원일 것이다. 세상에는 차원이 없다. 차원은 인간의 마음이 만든 허상이다. 그러므로 철듦에 이르는 길은 이러한 경계를 벗는 생명의 여정이라고 해도 과언이 아니다.

세상은 오직 전체의식인 자연일 뿐, 여타의 세상은 존재하지 않는다. 따라서 인간이, 존재하지 않는 마음이라는 허상의 존재를 나로 인식한 것은 착각이다. 인간은 전체 속의 개체다. 따로 떨어져 개체로 존재할 수는 없다. 이것이 세상의 이치고 섭리다.

자연은 무한한 공간과, 영원한 생명과, 불변의 이치를 갖춘, 전체인 하나의 의식이다. 이것에서 비롯된 것들이 자연에 드러난 개체들이다. 그중에 하나의 개체가 나라고 하는 것이다. 이렇게 자연에서 비롯된 나는 자연을 닮아 나타난 존재다. 자연을 닮아서 몸이라는 옷을 걸쳤다. 자연과 이어진 생명이 부여되었다. 여기에 의식이 더해졌다. 이것이 나라는 존재다.

자연에 드러난 개체들은 모두가 자연이기에 자연스럽게 살아야 하는 것이 이치다. 세상은 절대적이라서 개체는 전체를 거스를 수가 없다. 떼려야 뗄 수 없는 불가분의 절대 관계인 것이다. 인간이라고 해서 예외일 수가 없다. 그런데 아쉽게도 이를 벗어나 헤매고 있는 것이 인간의 의식이다.

착각은 자연성을 잃게 하였다. 자연과의 단절로 이어졌다. 일방의 세상인 마음 세상이 세워진 것이다. 없는 세상이 만들어진 것이다. 나라는 존재는 몸과 생명과 의식을 하나로 하여 드러났다.

자연과 하나로 살아가야 한다. 그러나 착각한 의식은 이러한 섭리를 이탈하고 있다. 존재하지 않는 마음에 들어가길 자청했다. 자기만의 마음 세상을 구축했다.

마음 세상은 꼬리가 끊어지면 존재성이 없는 허상의 세상이 된다. 이 허상의 마음 세상은, 꼬리에 꼬리가 이어져 존재하고 있다는 착각에서 비롯된다. 생각의 꼬리, 상상의 꼬리, 감정의 꼬리가 그것이다. 그러나 실체가 없는 것이라서 마음 세상을 지켜낸다는 것은 불가능하다. 이러함에도 이 불가능을 극복해 보겠다고 발버둥을 치는 꼴이 아집이고, 고집이다.

허상은 드러내어 뽐내야만, 있는 것처럼이라도 여겨진다. 이를 위해 하는 짓이 채움이다. 채움을 통해 성벽을 공고히 하였고, 전전긍긍이다. 서로서로 뺏고 뺏기는 이전투구의 연속이다. 이것이 마음을 나로 삼은 인간의 적나라한 모습이다. 그러나 아무리 채워도 없는 것은 없는 것이다. 아무리 덧칠을 한다고 해도 없는 것이 있는 것이 될 수는 없다.

종교, 철학, 깨달음, 구도, 명상, 요가, 마음공부 등은 마음 세상에서 그나마 물음표를 가지게 된 이들이 펼치고 있는 영역이다. 이 과정에서 한 줄기의 빛처럼 다가오는 것들이 있으니, 지금 여기 있음의 세상을 알게 되는 것이다.

그러나 이런 과정도 일시적일 뿐, 여전히 마음 세상이 존재하지 않는 허상의 세상이라는 것을 받아들이지를 못한다. 잠시 잠깐 지금 여기의 세상에 들어왔다가 빛과 같은 속도로 마음 세상으로 되돌아가길 반복하고 있는 형국이다.

있음의 세상은 지금 여기의 세상이고, 지혜 그 자체의 세상이다. 채움과는 거리가 먼 비움이 답인 세상이다. 있음의 세상이다. 이런 이치를 따르는 것이 철듦이다. 삶의 목적지는 분명하고 간결하다. 어지럽고, 답답하고, 혼란스러운 것은 존재하지 않는 마음에만 있는 것들이다.

철듦의 내비게이션이 제시하는 여정은 분명하고도 정확하다. 본질인 있음의 세상을 살아야 한다는 것이다. 전체를 벗어난 개체는 존재할 수가 없다는 사실을 잊어서는 곤란하다. 그러므로 항상 전체인 자연의 흐름에 연결되어 있어야만 한다.

잠시 잠깐 옷을 입었을 뿐이다. 그 옷이 전부인 양 뽐낼 필요는 없다. 개체는 전체가 있음을 나타내는 임무를 수행하는 것이다. 그러므로 개체를 고집하고 개체에 국한해서 살아서는 곤란하다. 전체가 개체고 개체가 전체다. 철듦의 내비게이션이 안내하는 대로 순응하고 따라야만 한다. 그래야 본래에 이르러 참된 진짜 삶에 접어들게 된다.

3부

철듦으로 주워 담는
근원적 행복

행복, 철들어 사는 재미

'행복, 철들어 사는 재미'는 첫 번째로 내놓은 책의 제목이다. 제목에서처럼 철들어 사는 재미를 아는 것은 참 행복한 일이다.

요즘 들어서 동년배 지인들을 만나면 손주 이야기를 하고 싶어 안달하는 모양새다. 휴대전화에는 담아둔 손주 사진이 빼곡하다. 추임새를 약간 넣어주기만 해도 실타래가 풀려나오듯 손주 자랑에 시간 가는 줄을 모른다.

철드는 재미에 내가 그랬다. 철들어 정신 차린 어른이 되는 길이 있다는 것도 좋았고, 세상의 이치에 대하여 더는 물어볼 것이 없다는 것도 좋았다.

"철이 들다, 정신을 차린다, 지금 여기에 있다, 마음이 없다"라고 하는 말은 각기 다른 말 같지만 모두 같은 말이다. 의식이 마음에 있지 않고 지금 여기에 있다는 것을 의미한다. 철이 들었다는 것은 자연임을 깨우쳤다는 의미다.

마음에서 벗어나 자연성을 회복한 삶은 참 많이도 다르다. 모든 것이 자연스럽다. 확실히 순리대로 흐른다. 안정 궤도에 접어들었다는 실감이 난다. 자연은 철이 있어 철에 따라 순환을 한다. 자연의 흐름인 것이다. 그러므로 내가 자연임을 안다고 하는 것은, 삶에 있어서 가장 중요하다.

내가 자연임을 알고 사는 것이 본성 회복이다. 본질로 돌아온다고 하여 본래라고 하는 것이다. 연어가 회귀하듯 나의 본질로 돌아옴을 뜻한다. 그래서 철듦은 한마디로 영원한 안식처로의 귀향과 마찬가지이다.

철이 들어 내가 자연이라는 사실을 깨닫는 순간부터, 헝클어졌던 실타래가 풀리듯 삶의 모든 의문과 의심은 사라진다. 삶의 목적도 확연해진다. 내가 누구인지? 왜 사는지? 어떻게 살아야 하는지? 등 모든 것들이 확실하게 정리가 된다. 이런 상태면 어른이라 해도 무방하지 않을까 싶다.

어린 시절을 돌이켜 보면 어른이 무척이나 궁금했고, 빨리 어른이 되고 싶었고, 어른이 되면 모든 것을 마음먹은 대로 할 것이라 여겼다. 나이를 먹으면 저절로 어른이 되는 줄 알았다. 그러나 나이가 들었음에도 어른이라는 확신은 안 들었다. 적잖이 당황하던 기억이 있다.

철이 없으니 철부지라 한다. 시절을 잊고 사니 어른이 못 되는 것이다. 모든 이들이 철부지여서 자신의 처지가 철부지인 줄을 모르고 산다. 세상에는 어른이 없다. 어른을 본 적이 없다. 어른이 아닌 것에 부끄러움을 모르고 산다. 이것이 요즘의 세태다.

12월 마트에 가면 딸기가 제철인 양 자태를 뽐내고 있다. 이제는 12월부터가 딸기철이 되었다. 7~8월은 되어야 먹을 참외는 5월

이면 끝물인 시절이다. 이런 시절이다. 아무도 이를 이상하게 여기거나 토를 달지 않는다. 마찬가지다. 어른이 없다는 것에, 어른이 되지 못한다는 것에 대하여 우리는 아무런 의문이 없다. 그 누구도 안타까워하는 이는 없다. 이런 시절에 철이 든다는 것은 멋지고도 감격에 겨운 일이다. 그렇다고 누구한테 드러내 놓고 말할 수도 없고 자랑할 수도 없다. 그저 혼자서 조용히 미소를 머금곤 한다.

정신을 차렸다고 하는 것은 깨어났다는 의미다. 마음속을 떠돌던 의식이 지금 여기로 돌아왔다는 것이다. 의식이 없는 상태로 응급실에 실려 온 환자가 응급조치를 받고 깨어난 것과 마찬가지다. 응급실의 상황은 생과 사의 갈림길이다. 깨어난 순간 지켜보던 가족들의 안도는 이루 말할 수가 없다. 철듦의 확신이 섰을 때가 그랬다. 이제는 살았구나, 제대로 숨을 쉬게 되었구나. 기쁘고 대견했다. 운해가 벗겨져 해가 드러나는 듯했다.

지금 여기에 있다는 것은 제대로 자리를 잡았음을 의미한다. 지금껏 마음에다 뿌리를 내리고 살았다. 조석으로 변하는 마음이다. 하루에도 오만의 번뇌가 일어나는 것이 마음이다. 이런 마음을 중심으로 하여 살았다. 불안하고, 답답하고, 복잡하고, 혼란한 것은 당연하다. 세상이 문제인 줄 알았다. 세상이 바뀌어야 한다며 세상을 원망했다. 상대가 문제라 여겼다. 상대를 설득하여 내 마음을 알게 하려 무던히도 애썼다. 지금 여기밖에 없다는 진리를 몰랐다. 세상은 지금 여기만이 유일한 존재라는 것을 깨달았다. 더는 세상을 원망하지 않게 되어서 좋았다. 더는 누구를 설득하려 애쓰지 않게 되어서 좋았다. 단순해서 좋고, 완전해서 좋고, 넉넉해서 좋고, 순수해서 좋다.

마음이 없다고 하는 것은 착각의 무지에서 벗어났음을 의미한다. 마음이 존재한다는 착각, 마음이 나라고 하는 착각, 마음으로 살아야 한다는 착각, 마음을 보듬고 살아야 한다는 착각, 오직 마음뿐이라는 착각 등. 모두가 무지에서 비롯된 오류다. 이 오류가 가져온 혼란은 이루 말할 수 없이 많다. 이런 착각의 무지에서 벗어난다는 것은 새로운 세상이 열린 것이나 마찬가지다.

마음이 없다는 것이 인정되고, 마음으로 사는 것을 포기한 후의 일상은 말로 표현하기가 곤란하다. 아쉬운 점이 있다면 푸르른 창공을 혼자서만 외로이 날고 있다는 점이다. 모두 함께 손에 손을 잡고 훨훨 날아다녔으면 하는 바람이 크다.

영하 7도의 매서운 한파가 몰려와 있는 이른 아침이다. 거실 창으로 따스한 햇볕이 블라인드 사이를 비집고 거실을 비추고 있다. 이 아침, 살아있음을 실감한다. 햇살아! 온 세상을 녹여 주렴. 햇살아! 온 세상을 따스하게 감싸 주렴.

함께 '똑! 똑!' 해요

의식은 마음에 들어가 있거나, 지금 여기에 있거나, 둘 중 한 곳에 있다. 그러나 대부분은 마음에 머물고 있다. 이런 의식을 지금 여기로 나오게 하는 것이 정신 차림이다.

정신을 차리게 하는 방법 중에 가장 쉽고, 간단하고, 효과적인 것이 있다면 그것은 단연코 '똑! 똑!'이다. '똑! 똑!'은 문을 노크하는 소리다. 앞에 놓인 책상이나 물체를 두드리면 나오는 소리다.

'똑! 똑!' 소리를 캐치한 의식은 즉시 지금 여기로 나온다. 마음을 벗어나 지금 여기를 의식한다. 정신을 차린 것이다. 의식이 마음에 있는 것은 정신이 없는 것이고, 의식이 지금 여기에 있는 것은 정신이 든 것이다.

마음에 들어가 정신이 없게 되면 들리지 않고, 보이지 않고, 판단이 흐려지고, 멍한 상태가 되고, 허둥대게 된다.

마음에 들어가 정신이 없으면 화, 분노, 짜증, 흥분, 우울, 폐쇄, 불안, 초조, 공포에 휩싸여 힘든 상태에 빠지기도 한다.

마음에 들어가 정신이 없게 되면 주변을 감지하지 못하여 위험에 처하기도 한다. 이럴 때가 '똑! 똑!'이 필요한 순간이다.

살다 보면 누구라도 마음에 들어가 힘들어할 때가 있다. 마음의 병으로 힘겨워할 때, 정신이 없어 허둥댈 때, 정신이 없어 위험에 처했을 때, 마음에 묶여 허둥대고 있을 때, 너무 힘에 겨워 도움을 요청하고 싶을 때…….

이럴 때, 함께 '똑! 똑!' 해주는 지혜가 있어야 한다. 누군가 마음에 들어가 정신없이 허둥대고 있다면 기꺼이 문을 두드려 나오도록 해야 한다.

'똑! 똑!' 문을 두드려 의식을 일깨워 주어야 한다. 함께 '똑! 똑!' 하는 여유를 가져야 한다.

대화 중에도 '똑! 똑!', 카톡에서도 '똑! 똑!', 업무를 하면서도 '똑! 똑!', 운전 중에도 '똑! 똑!', 산업현장에서도 '똑! 똑!', 가정에서도 '똑! 똑!', 학교에서도 '똑! 똑!'

'똑! 똑!'의 메아리가 끊이지 않고 울려 퍼진다면 세상의 모든 불협화음은 설 자리를 잃는다.

마음은 영화다

영화	마음 = 영화 / 100%
형체가 없음	형체가 없음
가짜/허상/존재하지 않음	가짜/허상/존재하지 않음
가치가 없음	감독/주연배우/ 관객
일시적인 재미와 흥미	나만의 영화(24h)
	인생무상(人生無常)

　마음은 영화와 100% 일치한다. 다른 점이 하나도 없을 정도로 닮았다. 그 때문에 마음을 설명하는 데 있어 영화만큼 실감 나는 것이 없다. 영화를 분석해 보면 마음을 이해하기가 한결 수월하다. 내 마음이 영화인 것이 확인되고 인정된다면 마음에서 벗어나는 데 도움이 될 수도 있을 것이다.

　영화는 형체가 없다. 아무리 실감 나게 만들어진 영화라고 해도 만질 수가 없다. 가짜고 허상이다. 이 세상에 존재하지 않는다.

영화 속의 건물이 아무리 화려하고 멋지다고 해도 가치가 없으므로 돈을 주고 이를 구매하는 사람은 없다. 다만, 영화에는 재미와 흥미가 있어서 일시적으로 여기에 몰두하는 것뿐이다.

마음도 영화와 마찬가지다. 마음은 형체가 없다. 지금 여기에는 존재하지 않는 허상이고 가짜다. 그런데도 이 허구에 지나지 않는 영화의 한 장면에 따라서 울고불고하며 산다. 더욱더 우스운 것은 이 마음의 영화는 오직 한 사람에 의해서 이루어지고 있다는 사실이다. 감독, 주연배우, 관객이 한 사람이다. 오직 내가 모든 것을 만들어 낸다.

이 마음 영화를 관람하는 사람은 나 한 사람뿐이다. 다른 사람은 볼 수가 없는 영화다. 더군다나 마음 영화는 24시간 상영된다는 특징이 있다. 이처럼 쉬지 않고 상영되는 마음 영화는 나를 지금 여기에서 벗어나 실체가 없는 과거와 미래에 머물게 한다.

우리는 마음 영화의 제작자와 배우와 관객으로서 마음을 나로 착각한 채, 일생을 보내다가 생을 마감한다. 안타깝게도 이 지점에 이르러서야 마음에 붙들려 산 것의 덧없음을 알게 된다. 인생무상이라는 탄식을 뱉어낸다. 이것이 우리의 삶이고 인생이다.

마음은 영화다. 영화는 실체가 없는 허상이다. 그러므로 마음을 나로 알고 산다는 것은 실체가 없는 허상의 삶을 받아들이는 것이다. 인생무상의 삶을 인정하고 수긍하겠다는 것이나 마찬가지다. 마음의 삶은 산다고 살아 봐야 허상이다. 아무리 잘산다고 살아 봐야 인생무상이다.

마음은 오염 필터다

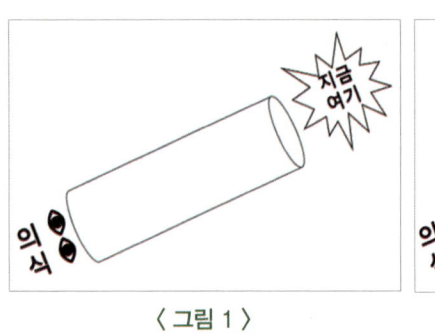
〈 그림 1 〉

〈 그림 1 〉

 의식은 〈그림 1〉과 같이 지금 여기와 일치된 상태로 지금 여기의 세상에 존재하여야 한다. 이것이 자연스러운 순리의 세상이다.
 그러나 우리의 의식은 〈그림 2〉와 같이 마음이라는 오염 필터를 통해서 세상을 바라보게 되었고, 온갖 분별의 마음 세상을 가지게 되었다. 나와 마음이 같다고 착각하는 '마음 동일시'의 세상에 빠져서 살게 된 것이다.

 정신 차린 의식은 언제나 지금 여기에 있다. 지금 여기를 벗어나지 않는다. 왜냐하면, 세상은 오직 지금 여기, 이 순간에만 존재하기 때문이다. 지금 여기의 세상은 단순하다. 넉넉하고 순수하다. 이것이 세상의 섭리다.

 그러나 안타깝게도 우리는 이런 순리의 자연스러운 세상에 살고 있지 않다. 본래의 세상을 벗어난 우리의 의식은 마음의 굴레에 얽혀서 산다. 세상을 있는 그대로 보지 못하는 장애의 굴레에 갇혀서 산다. 마음이라는 오염 필터를 통해서만 세상을 본다. 그 결과 우리의 삶은 분별투성이 오염된 세상에서 허우적거리는 안타까운 신세가 되었다.

 환경의 오염으로 인하여 맑은 공기와 깨끗한 물에 관한 관심이 매우 높다. 공기청정기와 정수기가 생활의 필수품으로 자리를 잡고 있다. 공기청정기와 정수기의 핵심은 필터다. 필터에 의해서 공기의 질과 물의 상태가 결정된다고 해도 과언이 아니다. 그래서 수시로 필터를 청소하고 교환하여야 한다. 그렇지 않으면 이들 기기는 사용하지 않는 것만도 못한 결과를 낳게 된다. 마음이 이런 형국이다. 마음이 필터가 되어 삶을 지배하고 있다.

 그러나 마음 필터는 오염된 필터여서 항상 마음으로 오염된 시비분별의 세상만을 펼쳐 낸다. 그러므로 마음을 나와 동일시하는 삶은 언제나 나를 드러내야만 하는 끝없는 우여곡절 속에서 허둥대며 살 수밖에 없는 것이다. 이것이 나라고 하며 붙들고 사는 마음의 실체적 진실이다.

마음은 칼그물 직조기다

종교를 가진 사람들은 천국을 노래한다. 천국에 가는(도달하는) 것이 궁극의 목적이라고들 한다. 그렇다면 천국이라는 곳이 있다면 과연 천국은 어디에 있는 것이며, 누가 만든 것이며, 가본 사람은 누구이며, 어떻게 하면 갈 수가 있는지에 대한 명확한 답이 있어야 마땅하다. 그러나 이에 대한 답은 두리뭉실할 뿐, 장님이 코끼리를 만지는 것만도 못한 것이 현실이다.

세상에 존재하는 것은 지금 여기가 전부다. 세상은 이것 말고는 없다. 이것이 세상의 진리다. 그렇다면 천국에 대한 물음의 답은 명확하게 정해진다. 정신 차려 철이 든 이들은 안다. 천국이 어디에 있으며, 어떻게 갈 수 있는지를.

천국엔 들고 나는 문이 없다. 천국 자체가 온통 문이다. 그러므로 천국은 누구에게나 열려있는 곳이다. 그러나 천국엔 칼그물이 촘촘하게 쳐져 있다. 이곳에 들어가면 모든 물체는 슬쩍 닿기만 해도 갈기갈기 찢긴다. 바윗덩어리도 순식간에 모래 부스러기가 되어 버린다. 그러니 사람의 몸뚱이쯤이야 더 말할 필요가 없다. 여기에서 문제가 발생한다. 문이 없으니 누구나가 다 갈 수가 있는 곳이 천국이란다. 평소 마음에 그리던 천국이면 좋으련만 그렇지가 않다. 안타깝기만 하다.

온화한 날씨에 하늘은 파랗고 아지랑이가 피어나는 언덕 위에 울긋불긋 복숭아꽃 살구꽃이 피어 있다. 실개천이 흐르는 푸른 들판에 한가로이 소들이 풀을 뜯고 있다. 사람들은 평화롭게 담소를 나누며 함박웃음을 짓고 있는 모습이 참 아름답다. 이런 천국에 가지 않을 사람은 없다. 누구든지 가려고 안달이 날 것이다. 그런데 칼그물이 쳐진 천국이란다. 그것도 들어서는 순간 몸뚱어리가 갈기갈기 찢겨 죽을 수밖에 없다니, 참으로 난감하기가 그지없는 노릇이다.

천국에 들어가는 열쇠는 지금 여기뿐이다. 마음이 없는 지금 여기의 의식이 그 답이다. 세상에 존재하는 것은 지금 여기밖에 없으니 당연하다. 그러므로 천국이 있다면 지금 여기를 벗어나 존재할 수는 없다. 지금 여기를 떠나 다른 곳에서 천국을 찾는다는 것은 어불성설이다. 따라서 천국이라는 곳이 있다면 그곳은 분명 지금 여기일 것이 분명하다.

천국은 사람들 각자의 마음이 만들어 낸 비 실존의 허상일 뿐이다. 그러므로 이곳에 들어간다는 것은 낙타가 바늘구멍을 통과하는 것보다 어려운 것이 아니라 애초부터 불가능한 것이었다.

문제는 마음이다. 모든 것이 마음이 만들어 낸 것들이다. 천국도 칼그물도 마음이 만든 것일 뿐, 그 실체는 없다. 지금 여기를 떠나 마음이 지어낸 천국을 품고 있으니, 지금 여기라는 천국이 펼쳐질 수는 없는 노릇이다. 따라서 마음으로 지어낸 천국은 그 실체가 없으니, 지었다가 부쉈다만 반복하며 신기루의 세상만을 만들어 낸 것에 불과하다.

　마음은 옷감을 짜는 직조기처럼 분별 망상이라는 시퍼런 칼날이 선, 씨줄과 날줄로 그물코를 꿰고 엮어 칼그물을 만든다. 마음 세상은 이렇게 해서 칼그물이 촘촘하게 쳐지는 것이다. 그 칼그물은 누가 만들라고 한 적 없거니와 그렇게 빈틈없이 치라고 한 적 없다. 다만, 혼자서 짓고 부수고 하는 것이다.

　마음은 일상의 모든 것들을 분별하면서 시퍼렇게 칼날을 간다. 무심히 넘기는 법이 없다. 된다·안 된다, 싫다·좋다, 못났다·잘났다, 아름답다·추하다, 죽일 놈·살릴 놈, 달다·쓰다, 검다·희다, 높다·낮다, 길다·짧다 등 끊이지 않고 긁어 댄다. 이런 마음이라는 칼그물 직조기를 붙들고 사는 한, 천국과 지옥이라는 분별의 세상을 결코 벗어날 수 없다.

　마음이라는 칼그물 직조기를 벗어나서 자유롭게 천국에 살 수는 있는 방법이 철듦이다. 마음에서 벗어나 정신을 차리고 철이 든 사람은 칼그물도 없을뿐더러 찢겨 나갈 몸뚱이도 없다. 이런 상태라야 분별 망상이라는 경계를 허물고 무한히 자유로울 수가 있는 법이다.

마음과 마음의 만남

　마음을 좀 더 알아보려면 만남을 한번 들여다볼 필요가 있다. 혼자 있을 때는 느끼지 못하지만 만나게 되면 마음이 좀 더 세세하게 요동을 치게 되고, 그에 따른 여러 가지 상황이 전개되어 마음이 드러나게 된다. 이를 통하여 우리는 자기라고 여기고 있는 마음의 실체를 좀 더 자세하게 접할 수 있게 된다.

　대부분 사람은 가족, 학교, 직장, 이웃, 친구 등으로 이어진 각종 모임을 통해 만남을 가지며 산다. 만남은 위로, 격려, 칭찬, 과시, 공감, 안도, 우월감 등을 얻게도 되지만, 반대로 박탈, 소외, 비난, 우울, 좌절, 굴욕, 모멸 등 스트레스를 과중하게 하는 역할도 한다. 왜 그럴까? 그 이유는 마음 때문이다.

　의식과 마음은 다르다. 의식은 생명이 있는 몸이 있어 발현된 것으로서 나를 이루는 3요소이며 절대적인 근간이다. 이에 반하여 마음은 이 세상에는 존재하지 않으나 착각으로 인하여 붙들고 있는 나만의 허상이다.

　살아있음은 의식이 지금 여기에 오롯이 머물 때만이 진짜 살아있음이다. 반대로 의식이 지금 여기에 있지 않고 마음에 들어가 있으면 그것은 죽은 것이다. 살아있지만 죽은 것과 다르지 않은 것이다.

이렇게 나는 둘로 나뉜다. 삶과 죽음, 있음과 없음, 지금 여기에 있는 의식과 마음에 들어가 있는 의식 등. 하나는 지금 여기요, 하나는 마음이다.

그러나 태어나서 지금까지 마음이 나라는 것을 한 번도 의심해 본 적이 없었다. 마음을 나라고 굳게 믿고 있다. 여기에서 인간의 삶은 착각의 삶, 허상의 삶, 가짜의 삶이 된 것이다. 그렇기에 만남은 지금 여기에 기반한 의식(나)과 의식(나)의 만남이 아니라, 마음과 마음의 만남인 것이다. 지금 여기에서 만나고 있지만 지금 여기가 아닌 만남이고, 살아있음의 만남이지만 살아있음이 아닌 만남이고, 진짜의 만남이지만 진짜가 아닌 만남인 것이다.

하루에도 오만 가지 마음이 생겨난다. 그 마음은 그대로 나에게 혹처럼 붙어서 나를 오염시킨다. 50년을 살았다면 9억 개 정도 마음의 혹이 달려있다고 보면 된다. 이런 상태로 만남을 가지면 어떻겠는가? 그것은 9억 개의 마음의 혹을 달고 있는 사람이 또 다른 9억 개의 마음을 가진 사람과 마주한 꼴이 되는 것이다. 이런 모습이 마음을 가지고 사는 사람들의 만남의 실체인 것이다.

옛날이야기 중에 '혹부리 영감'이 있다. 턱밑에 혹이 있던 혹부리 영감이 혹을 노래를 잘하게 하는 주머니라고 속여 도깨비방망이와 바꿔 가지고 와서 부자가 되었고, 이 소식을 들은 이웃 마을

의 다른 혹부리 영감이 도깨비를 찾아가 혹과 도깨비방망이를 바꾸려다가 오히려 혹만 하나 더 붙여서 왔다는 이야기다.

마음과 마음이 만나는 것이 이와 같다. 마음의 혹을 서로 떼주면 좋으련만, 오히려 마음이라는 혹을 서로 붙여 주게 되는 것이 마음을 나라고 하며 사는 우리들의 만남이다. 그러니 만나서 수다를 떨고 오게 되면 피로와 스트레스가 더 쌓이게 되는 이유다.

혹을 떼기는커녕 다른 사람의 혹만 잔뜩 붙여 왔으니, 만남의 후유증은 클 수밖에 없다. 한동안은 만남의 후유증으로 가슴앓이 할 것이 불을 보듯 뻔하다. 마음이 혹인 줄도 모르고 주는 대로 혹을 붙이고 왔으니 당연한 결과다.

욕심쟁이 혹부리 영감의 삶에서 벗어나는 방법은 철듦이다. 정신 차림이다. 정신 차려 지금 여기만을 의식하는 삶으로 한발 다가서 보도록 하자.

마음과 마음의 대치

앞에서 언급한 대로 마음은 없는 것이고, 마음은 영화와 같은 허상이고, 마음은 칼그물을 만들어 내는 직조기다. 이렇듯 마음은 연연할 것도 집착할 필요도 없다. 그런데도 마음을 나로 삼아 살고 있다. 그러므로 이 마음을 가지고서는 그 어떤 멋지고 화려한 삶을 펼친다고 해도 허망한 결과를 피할 수가 없는 것이다.

일상에서 거래 관계로 만나거나 부모와 자녀가 대화할 때, 약간만이라도 정신을 차리게 되면 드러나는 마음을 훤하게 알아차릴 수가 있다. 우리는 관계를 사람과 사람의 만남이라 여긴다. 그런데 자세히 들여다보면 그렇지가 않다. 만남은 사람과 사람이 아니다. 마음과 마음이 만나는 것이다.

거래 관계에서의 만남은 이러한 사실이 더더욱 두드러진다. 대부분은 거래를 성사시키거나 상대를 설득하기 위해서 평상시보다 훨씬 더 마음을 다잡고 상대를 만나는 자리에 임한다. 오직 결과를 얻고자 하는 마음뿐이다.

앞에 있는 상대방을 만나고는 있지만, 상대방은 보이지 않는다. 상대가 무슨 말을 하는지, 어떤 상태인지는 안중에도 없다. 거래가 틀어질까 봐 안절부절못한다. 상대방이 조금이라도 애초의 의도를 조금이라도 벗어나는가 싶으면 변명에 급급하거나 예민해진다.

서로가 이러고 있는 형국이다 보니 결과는 보나 마나다. 이런 상황이 전개되는 것을 동상이몽이라고 한다. 같이 마주하고는 있지만, 의식은 각자의 마음에서 온갖 생각과 상상과 감정에 휩싸여 있기에 그런 것이다.

부모와 자녀의 대화에서도 마찬가지다. 부모 자식으로 만난 것 같지만 대부분은 마음과 마음이 만나서 대치 정국을 형성한다. 부모는 부모 대로 마음에 사로잡혀 마음에 담아 뒀던 것들을 하나씩 꺼내서 퍼붓기 일쑤다.

자식이 어릴 때야 마음이 그리 많지 않으니, 고분고분 수긍하게 되지만 어느 정도 나이가 차게 되면 문제는 달라진다. 자식도 점차 자신의 마음을 드러내길 서슴지 않는다. 이렇게 되면 대화는 온데간데없고 수시로 전쟁을 치르듯 부딪치게 된다. 이것이 마음을 붙들고 사는 우리들의 일상적인 모습이다.

자존

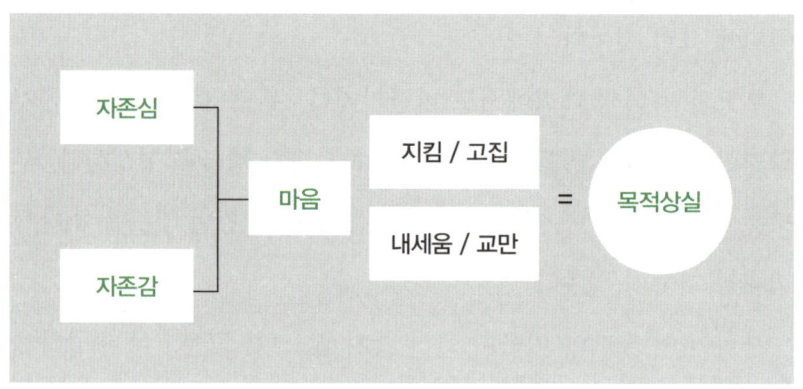

　자존심을 지켜라. 자존감을 높여라. 교육 현장에서 좋은 의미로 아주 흔하게 쓰이는 말이다. 자존심과 자존감의 사전적 의미를 보면 '스스로 품위를 지키고 자기를 존중하는 마음'이라고 되어 있다. 자존감과 자존심이 마음과 연관이 있음을 알 수가 있다. 그런데 과연 자존심과 자존감이 좋은 의미만을 담고 있을까? 그렇지 않다는 것을 철이 들어보면 금방 알게 된다.

　철듦의 측면으로 보면 자존심과 자존감은 목적을 상실하게 하는 주범 중의 주범이다. 자존심은 목적을 상실하게 하는, 목적을 잊게 만드는 가장 안 좋은 마음이다. 구체적으로 보면 이렇다. 자존심은 마음을 지키겠다는 고집이고, 자존감은 마음을 내세워 나를 돋보이게 하겠다는 교만이다.

고집과 교만은 마음에 묶여 방향성을 잃는 순간에 최고조의 상태가 된다. 이렇게 고집과 교만이 드러나게 되면 속칭 사리 분별은 여지없이 무너지게 되어 있다. 어떤 일을 하려다가 이 지경이 된 것인지, 왜 이런 상황이 벌어진 것인지는 더 중요하지가 않게 된다. 오로지 마음을 지키고 내세우는 것에 혈안이 되어 버린다. 목적 따위는 안중에도 없다. 오로지 마음을 지키겠다는 고집과 교만만이 활개를 치게 된다.

마음은 없다. 마음은 세상에 존재하지 않는 나만의 착각일 뿐이다. 이런 허깨비 마음을 지키려다가 안타깝게도 목적한 바는 온데간데없이 사라지는 것이다. 이것이 화려한 포장에 가려졌던 자존심과 자존감의 얄팍한 실체다.

자존심과 자존감은 중요하지가 않다. 목적을 상실하고 헤매는 것을 두려워하고, 안타까워해야 한다. 정신을 차려야 한다. 그렇지 않으면 개도 안 물어 가는 괜한 자존심과 자존감 때문에 파멸의 길을 자초할는지도 모른다.

마음 없이 사는 삶 & 마음으로 사는 삶

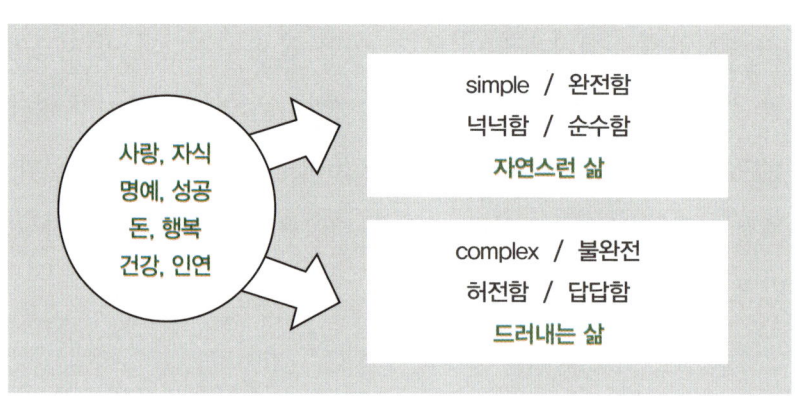

 지금 여기의 세상과 마음 세상을 구별하는 방법은 간단하다. 마음 세상에서 가장 중요하게 생각하는 사랑, 자식, 명예, 성공, 돈, 행복, 건강, 인연 등 8개의 항목을 각각의 세상에 연결하여 비교해 보면 확연하게 드러나는 그 차이를 알게 된다.

 지금 여기의 세상은 숨김과 분별이 없어 단순하다. 하나라서 완전하다. 다 가졌기에 더 가질 것이 없어 넉넉하다. 걸림이 티끌만큼도 없으니 순수 그 자체다. 이렇듯 지금 여기의 세상은 물같이 바람같이 자연스럽게 사는 세상이다.

지금 여기의 세상에서는 사랑, 자식, 명예, 성공, 돈, 행복, 건강, 인연이라고 해서 특별한 존재가 아니다. 단순한 세상에서는 모든 것이 단순하다. 완전한 세상에서는 모든 것이 완전하다. 넉넉한 세상에서는 모든 것이 넉넉하다. 순수한 세상에서는 모든 것이 순수하다. 이렇듯 모든 것들은 자연스러운 삶으로 펼쳐진다. 이것이 지금 여기의 세상이다.

사랑이라고 해서 특별하지가 않다. 자연의 영역에서는 모든 것이 자연이다. 걸림이란 없다. 자유와 평화의 공간에 사랑 충만인 것은 당연하다. 자식도 단순하다. 지금 여기의 세상은 하나다. 모두의 자식이라서 모두가 보살피는 것은 당연하다. 서로 바라는 것이 없는 사이라서 같이 있기만 해도 행복하다. 명예도 순수하다. 말이 명예지 자연의 세상에서는 순리가 명예다. 물과 바람의 세상에 군림하는 자리는 없다.

지금 여기의 세상에서는 완전함이 성공이다. 모든 것이 완전한 세상에서 산다는 것은, 하나의 세상을 산다는 것은, 세상의 이치에 순응한다는 것은 인생 최고의 성공이다. 이외 여타의 성공은 성공이 아니다. 허망일 뿐, 성공이 아니다.

단순하고, 넉넉하고, 완전한 세상에서의 돈은 그저 수단에 불과하다. 만들어진 본질에 따라 편리하게 사용하면 된다. 이것에 묶이거나 쌓아 놓지 않는다. 이것의 힘을 빌려 군림하지도 않는다. 세상을 다 가진 사람에게서의 돈은 더는 돈이 아니다.

행복은 분별의 마음 세상이 만든 말이다. 불행이 있어 나타난 말이다. 완전하고 넉넉한 세상에 구분을 지어 추구해야 할 것은 존재하지 않는다. 건강도 마찬가지다. 전체가 있음을 나타내게 하려고 개체가 드러난다. 드러나는 수단이 몸이라는 옷이다. 태어났다고 하는 것은 옷을 한번 걸친 것이다. 옷은 잘 입다가 해져 입을 수가 없을 때 벗으면 된다. 몸의 역할은 드러나게 하는 것이다. 따라서 몸은 돌봐야 하는 존재이지 몸에 묶일 필요는 없는 것이다. 그러므로 쾌락과 흥분의 도구로 삼아서는 곤란하다. 몸은 자연스럽게 흐르는 것이 순리다.

지금 여기의 세상에서는 인연은 귀히 여기되 집착하거나 얽매이지 않는다. 모두가 하나이거늘 인연 아닌 것이 없는 세상이다. 자연스럽게 바라보고, 자연스럽게 보듬어 주고, 주저 없이 기댈 수 있게 자연스럽게 어깨를 내어주는 것이 인연이다.

반면, 마음 세상은 분별의 세상이라서 복잡하다. 없는 것을 지켜야 하니 불완전하다. 채워도 채워도 비어 있으니 허전하다. 실체가 없어 볼 수도 보여줄 수도 없으니 답답하다. 이렇듯 마음 세상은 드러내야 존재하는 것처럼이라도 보이니, 끊임없이 드러낼 수밖에 없는 고난의 세상이다.

마음 세상은 집착의 세상이다. 무엇이든 자기의 마음 세상에 끌어들이면 원수를 만들어 버린다. 사랑, 자식, 명예, 성공, 돈, 행복, 건강, 인연이라고 해서 다르지가 않다. 모든 것이 자기 마음대로다.

　사랑도 말이 사랑이다. 잠시 잠깐의 흥분과 쾌락이 끝나는 순간, 집착의 마음으로 서로를 괴롭히다 급기야 원수가 되는 일이 부지기수다. 보이지 않는 마음을 서로 알아 달라고, 왜 몰라 주는 거냐며 오해하고 곡해하는 등 복잡하기가 이루 말할 수가 없다. 사랑은 더는 사랑이 아니다. 사랑한다는 핑계로 상대를 괴롭히기만 할 뿐이다. 이처럼 인간의 마음 세상은 참으로 복잡다단하기만 하다.

　자식도 매한가지다. 소유물처럼 여기며 애지중지하던 시절이 지나면 소원함만 남는다. 덜 자란 애착과 분리되지 않는 애착은 원망이 된다. 쏟아부은 대리만족의 대상은 방생을 못 한 채, 서로를 옥죄고 있다. 이러지도 저러지도 못하는 원수 덩어리(?)라는 말이 괜한 말은 아닌 듯싶다. 답답한 지경은 이런 경우를 말하는 것이다.

　명예와 성공은 또 어떤가. 신기루를 잡겠다고 인생을 바쳤으니, 그 공허함을 말해서 무엇하랴. 뚜렷한 기준이 없는 명예와 성공이다. 좌충우돌은 당연하다. 신기루를 지키는 방법은 없다. 불완전의 연속일 수밖에 없는 것이 명예와 성공이다.

　마음 세상엔 돈이면 모든 것이 해결된다는 생각이 팽배해 있다. 모든 것이 돈을 좇는 것에 집중되어 움직이고 있다. 그러나 돈으로 채워지지 않는 것이 부지기수다. 아무리 채워도 이를 메울 수 있는 방법은 없다. 매달리고, 채우고, 일생을 바쳐서 모아도 허기진 것은 마찬가지다.

행복도 마음이 그리는 것일 뿐, 실체가 있어 잡을 수 있는 것이 아니다. 말이 행복이고 기쁨이다. 생각이고, 기억이고, 감정이다. 모든 것이 마음이라는 이야기다. 그러므로 행복이라는 것이 따로 있어, 찾아 헤맨다고 찾아지는 것이 아니다. 그런데도 삶의 기준인 양, 목적인 양, 찾아 헤매고 있다. 답은 정신 차려 마음이 없음을 확인한 사람만이 안다.

건강이 제일이란다. 그 다음이 뭐냐고 물으면 답을 못 한다. 잠시 드러나기 위해 입은 옷이 몸이다. 옷은 드러난 목적을 충실하게 실천하다가 벗으면 그만이다. 건강을 목적으로 삼을 일은 아니다. 건강한 몸으로 어떻게 살아야 하는가를 자신에게 물어야 한다. 그래야만 어른이다.

인연으로 힘들어하는 이들이 많다. 힘들면 놓으면 된다. 방생하면 된다. 서로 옥죄는 것이 마음 세상이다. 방생하는 순간, 복잡한 것은 단순해지는 법이다. 정신을 차리면 보인다. 이것을 모르고 있으니 답답하고, 불안하고, 허전한 것이 마음을 나로 알고 사는 인간의 삶인 것이다.

이렇듯 우리의 삶은 항상 '자연스러운 삶이냐, 드러냄의 삶이냐'의 갈림길에 선다. 마음이 없어 지혜로운 영혼만이 정도(제대로 된 길)에 들어선다. 지금 여기, 마음 없음을 깨달을 일이다.

누가? 어디서?

상 태	주 체	원 인
힘들다. 괴롭다. 행복하다. 우울하다. 좋다. 싫다. 분하다. 불안하다. 답답하다.	의식 : X 마음 : O	지금·여기: X : 있음 과거·미래: O : 없음

간단하게만 확인해 봐도 어렵지 않게 마음 세상의 윤곽이 드러난다. 일상에서 우리는 힘들다, 괴롭다, 행복하다, 우울하다, 좋다, 싫다, 분하다, 불안하다, 답답하다는 표현을 한다. 이런 표현들로 해서 우리는 지금 나의 의식이 지금 여기에 있는지, 마음에 있는지를 알 수가 있다.

상태가 힘들다, 괴롭다, 행복하다, 우울하다, 좋다, 싫다, 분하다, 불안하다, 답답하다고 했을 때, 이런 상태를 드러낸 것의 주체는 과연 무엇일까? 나의 의식인가? 마음인가? 이때의 의식은 단지 착각했을 뿐이다. 마음이 있다는 착각을 한 것이다. 그러므로 이런 상태는 의식의 상태가 아니다. 마음의 상태가 힘들고, 괴롭고,

행복하고, 우울하고, 좋고, 싫고, 분하고, 불안하고, 답답한 것이다. 이것은 나와는 상관없는 마음을 나와 동일시하여 만들어 낸 마음 세상이다. 마음을 나로 착각하고 살게 되면 따라오는 것들이다.

그렇다면 이런 상태의 시작은 어디일까. 어디에서 비롯된 것인가? 지금 여기인가? 아니면 과거와 미래인가? 물어볼 필요도 없이 이런 마음 상태의 원인은 과거와 미래에 있다. 세상에 과거와 미래는 존재하지 않는다. 세상은 오직 지금 여기만이 존재한다. 그러므로 이런 힘들고, 괴롭고, 행복하고, 우울하고, 좋고, 싫고, 분하고, 불안하고, 답답한 마음은 지금 여기에는 없는 것들이다.

착각을 벗어나는 것, 철듦이다. 정신 차림이다. 힘든가? 괴로운가? 행복한가? 우울한가? 좋은가? 싫은가? 분한가? 답답한가? 전부가 마음이다. 지금 여기에는 없는 마음이다.

바보천치란 자연의 이치를 모른다는 의미다. 없는 것을 있는 것으로 착각한 어리석음이다. 매 순간 우리는, 바보천치로 살 것인지 자연스러운 삶에 들어설 것인지의 갈림길에 선다. 정신을 차릴 일이다.

실패와 성공

철부지 : 의식 (착각) = 과거·미래 = 마음세상 : 못남
= 못난이의 삶 = 찌질이 : 실패한 인생

철듦이 : 의식 (똑똑) = 지금·여기 = 세상 : 잘남
= 잘난이의 삶 = 똑똑이 : 성공한 인생

　인생에 있어 실패와 성공을 살펴보게 되는 요즘이다. 과연 성공은 무엇이고 실패는 무엇인가? 철듦 아카데미를 진행하면서 그 기준을 정했기에 풀어내 본다.
　물질이 정신을 압도하는 시절이다. 돈과 권력을 앞세운 갑질을 하는 위치가 성공의 기준이 되었다. 이것에 누구 하나 이의를 제기하거나 의문을 가지는 이는 없다. 이를 반영하듯 공교육도 이를 당연시하며 시류에 편승한 지가 오래전이다. 그 결과 세상은 온통 철부지들의 놀이터가 되어 버렸다고 해도 과언이 아니다.

철부지는 의식이 마음에 있는 것으로, 마음이 나라는 착각을 하고 사는 사람이다. 철부지는 의식의 착각으로 지금 여기에 살지 못하고, 과거와 미래에 묶여 있는 사람이다. 지금 여기의 세상에 나와서 살지를 못하는 사람이므로 못난이다.

못났으니, 못난이는 아무리 잘산다고 살아 봐도 못난 삶일 수밖에 달리 도리가 없다. 돈과 권력으로 떵떵거리고 살아도 못난이의 삶이다. 흔한 말로 찌질이인 것이다.

철부지로 마음 세상에 묶여 사는 삶은 아무리 발버둥을 쳐도 허망이다. 허망이라는 삶의 결과물은 허허로운 회한을 남기게 되어있다. 이것이 실패한 인생이 아니면 무엇이 실패한 인생이란 말인가.

철듦이는 똑똑한 의식으로 지금 여기를 사는 사람이다. 지금 여기의 세상을 똑바로 의식하고 있으니, 세상에 잘나서 사는 사람이다. 지금 여기를 사는 사람은 잘난 이의 삶을 보장받은 것이다. 똑똑하다 함은 이를 두고 하는 말이다. 이것이 성공한 인생이다.

하루를 살아도 똑똑하게 지금 여기를 살아야 한다. 없는, 존재하지 않는 마음을 붙들고 사는 것은 사는 것이 아니다. 진짜로 똑똑한 사람은 정신 차려 지금 여기를 사는 사람이다.

철듦의 양식과 마음의 양식

마음은 살찌고 철듦과는 멀어진다		철듦에는 다가서고 마음과는 결별한다	
· 칭찬	· 권세	· 모욕	· 모독
· 인정	· 자존	· 멸시	· 모멸
· 성공	· 성취	· 무시	· 난관
· 편안함	· 승리	· 불편함	· 실패
· 안정	· 관심	· 창피	· 좌절
· 행복	· 격려	· 불행	· 굴욕

마음으로 살고 싶으면 마음을 살찌우면 된다. 철들어 제대로 살고 싶으면 마음을 굶기면 된다. 마음이 살찌게 되면 철듦과는 멀어질 수밖에 없다. 반대로 마음을 굶기게 되면 철듦에는 다가서게 된다.

마음의 양식은 칭찬, 인정, 성공, 편안함, 안정, 행복이다. 마음의 양식은 권세, 자존, 성취, 승리, 관심, 격려다. 이런 마음의 양식들은 마음을 살찌게 하고 철듦과는 멀어지게 한다.

살펴보면 마음을 살찌우는 영양분들은 대부분이 삶에서 간절히 추구하는 것들이다. 그러므로 마음 세상에서의 삶이라고 하는 것이 어쩌면, 이런 영양소들을 찾아 헤매다가 끝마치는 것인지도 모른다.

반대로 철듦의 양식은 모욕, 멸시, 무시, 불편함, 창피, 불행이다. 철듦의 양식은 모독, 모멸, 난관, 실패, 좌절, 굴욕이다. 이런 철듦의 양식들은 철듦에는 다가서고 마음과는 결별하게 한다.

철듦의 양식들은 마음 세상에서는 실패라는 굴레를 씌워 놓고 멀리하는 것들이다. 이런 형국이다 보니, 철듦의 양식은 가치가 없는 일상으로 여기기가 쉽다. 하지만 철듦의 양식들이야말로 진짜의 세상을 펼치는 우리 삶의 진짜 영양소가 아닐까 한다.

철듦의 기본 TIP

- 본래 완전한 하나임
- 의식이 지금·여기에 있을 뿐
- 스승은 길 안내자이다
  (되게 하는 사람이 아니다)
- 숭배할 존재는 없다
- 하나로 사는 것임
- 혼자만 잘살면 무슨 재민겨

철듦은 특별하거나 고상한 말이 아니다. 철듦은 착각하고 있다는 것을 일깨워 준다는 의미일 뿐, 고상하거나 고결한 말은 아니다. 철듦은 마음에 들어가 있는 의식을 지금 여기로 데려오게 하는 정신차림이다.

철듦은 지금 여기에서 철들어 어른으로 산다는 의미를 담고 있는 '철든이의 삶'을 줄인 말이다. 따라서 철듦은 있는 그대로의 사실을 전달하는 것이므로 접근 자체도 아주 단순하게 할 필요가 있다. 자칫, 종교나 수행단체의 고정관념의 틀이 걸림돌이 될지도 모르겠다. 철듦이 쉬워지는 TIP을 제시해 본다.

철듦에서는 세상은 본래가 완전한 하나임을 제시하고 있다. 그러나 마음을 가진 인간은 드러나는 개체가 있어서 너와 나를 이야기한다. 하지만 본질을 제대로 깨닫게 되면 이야기는 달라진다. 좋은 예가 스크린 위에 비치는 영화다. 영화는 스크린이라는 판이 있어 이것에 기대어 드러난다. 스크린이라는 토대가 없었다면 영화는 드러나질 않았다. 스크린 위에 비쳤던 장면들은 전원이 꺼지면 그 형상은 사라지고 스크린만 드러난다. 이것이 영화의 실체다. 아무리 근사하고 멋진 장면이라도 스크린이 없다면 드러나지 않는 것이 영화다.

인간의 삶도 영화와 다르지가 않다. 영화가 상영될 동안에는 그 토대가 되는 스크린이 드러나지 않듯이, 우리의 삶에서도 마음을 붙들고 개체로 살 때는 자신의 본질을 자각하지 못한다. 자기 자신 외에는 보지 못하고 산다. 그러나 영원히 살아있는 허공이라는 무한의 공간이 없다면, 우주의 절대적이고 필연적인 섭리가 없다면, 인간이라는 개체가 드러날 수 있을까?

무한의 공간이 하나요, 그 살아있음도 한 생명이요, 그 섭리도 하나다. 이 근원의 존재는 하나의 존재다. 나누어질 수 없는 하나다. 완전하게 하나다. 완전한 하나를 깨닫는 것, 철듦의 기본이다.

철듦은 의식이 마음에 있느냐, 지금 여기에 있느냐의 선택이다. 마음은 없다. 없는 곳을 의식할 수는 없다. 그러므로 마음을 의식하는 것은 착각에 불과하다. 마음이 있다는 착각이고, 마음이 나라는 착각이다. 그러므로 철듦은 지금 여기를 의식하기만 하면 된다.

의식해야지, 이렇게 하는 거야 등 마음을 동원하여 이를 구체화하는 것은 마음이 하는 짓으로 그 효과는 미미하다.

철듦은 여타의 종교와 수행단체 등에서 벌어지고 있는 스승이라고 하는 이들의 행위가 올바르지 않다는 것을 일깨운다. 이런 스승이 철듦에서는 필요치가 않다. 철듦에서의 지도자는 단지 길을 안내하는, 한 사람일 뿐이라는 것을 분명하게 하고 있다. 지금 여기의 세상에는 되게 해주는 스승이라는 존재는 없다. 되게 해주는 존재가 있다면 그것은 마음 세상, 귀신의 세상에나 존재하는 허상일 뿐이다. 정신 차리고 철드는 것에 스승 따위는 아무런 쓸모가 없다.

철듦은 숭배할 존재나 대상이 세상에 존재하지 않는다는 사실을 일깨워 준다. 철들어 정신을 차려 보면 안다. 지금 여기의 세상에는 미신의 자리가 없다는 것이 분명해진다. 정신 차린 자만이 미혹에 혼미해지지 않는다.

철듦은 하나로 살아가는 것이다. 제대로 정신 차려 철이 든 사람은 하나로 우뚝 선다. 철듦의 궁극의 목적이다. 하나로 살아갈 때, 인간의 존재는 빛이 나게 되어 있다. 이것이 세상의 이치고 순리다.

철듦은 혼자만 잘사는 것이 아니다. 철듦은 나눔으로 완결된다. 철부지에서 졸업하는 때는 철듦을 전달하는 것에서 시작한다. 지도자, 선생, 선배가 되어 나눔을 전하는 자리는 학생의 신분이 아니다. 선생의 신분인 것이다.

철듦의 질문

- 과도한 우울, 폐쇄, 불안, 분노, 좌절의 반응은? (마음의 병)
- 마음의 병의 원인은? (마음 세상에 살고 있으므로)
- 마음 세상은 누가 만들었나? (내가)
- 마음 세상에는 누가 사는가? (나 혼자 산다)
- 마음 세상이 끝나는 때는? (살고 있는 사람이 없을 때)
- 마음 세상에 살지 않는 방법은? (지금 여기를 의식하면 된다)

철듦은 착각에서 깨어나는 것이라서 어렵지가 않다. 간단한 질문 몇 가지만으로도 마음의 병에서 벗어나는 철듦을 맛볼 수가 있다. 질문을 따라가 보도록 하자.

과도한 우울, 폐쇄, 불안, 공포, 좌절의 반응을 '마음의 병'이라고 한다. 누구나 이런 증상은 가지고 생활한다. 그러나 이것이 일정한 수치를 넘어서는 과도한 지경이 문제다. 이 경우에, 이런 상태에, 병이라는 단어를 붙여 환자로 분류하게 된다. 치료를 받아야 한다는 결론을 내려 준다.

마음의 병의 원인은 당연히 마음 세상에 살고 있으므로 생겨난 병이다. 마음의 병은 마음 세상에 살지 않았다면 겪지 않아도 되는 병이란 이야기다. 그렇다면 마음 세상은 누가 만들었느냐는 질문이 생겨난다. 마음 세상은 다른 사람이 아닌 내가 만들었다.

마음 세상에는 누가 사는가? 물어볼 것도 없이 나 혼자 산다. 마음 세상은 나 홀로 세상이다. 다른 사람은 절대로 살 수가 없는 곳이다. 왜냐하면, 없는 곳이기 때문이다. 마음 세상이 실제로 존재하는 세상이라면 누구나 살 수가 있어야 한다. 그러나 마음 세상은 없는 세상이라서 다른 사람은 절대로 발을 들여놓을 수가 없는 곳이다. 그러므로 마음의 병은 허상의 세상에서 나 혼자 살면서 얻은 병인 것이다.

계속 질문을 던져 마음 세상에서 벗어나 보자. 마음 세상이 끝나는 때는 언제인가? 마음 세상은 살고 있는 사람이 없으면 사라진다. 왜냐하면, 착각이 만든 신기루이기 때문이다. 결론에 다다르고 있다. 마음에 살지 않으면 마음의 병은 없다는 처방이 내려진다.

마음 세상에 살지 않는 방법은 무엇인가? 마음 세상은 의식이 지금 여기에 있으면 무너진다. 정신을 차리는 순간, 마음은 사라진다. 빛보다도 빠른 속도로 자취를 감춘다. 마음의 병을 고치는 명약은 다름 아닌 '지금 여기'를 의식하는 것이다.

마음의 병은 마음으로 고쳐야 한다. 마음의 병을 치료하는 최상의 치료법은 마음이 없다는 것을 깨닫는 것이다. 그러므로 아픈 곳은 마음인데 몸에다 치료 약을 투약해서는 곤란하다. 괜히 자연성인 몸만 힘들어진다. 병의 치료는 원인을 아는 것이 중요하다. 마음의 병은 마음이 원인이다. 그러므로 마음의 병의 치유는 살펴본 바와 같이, 마음의 본질을 꿰뚫는 것에서 출발하는 것이어야 마땅하다.

우울의 실체적 진실

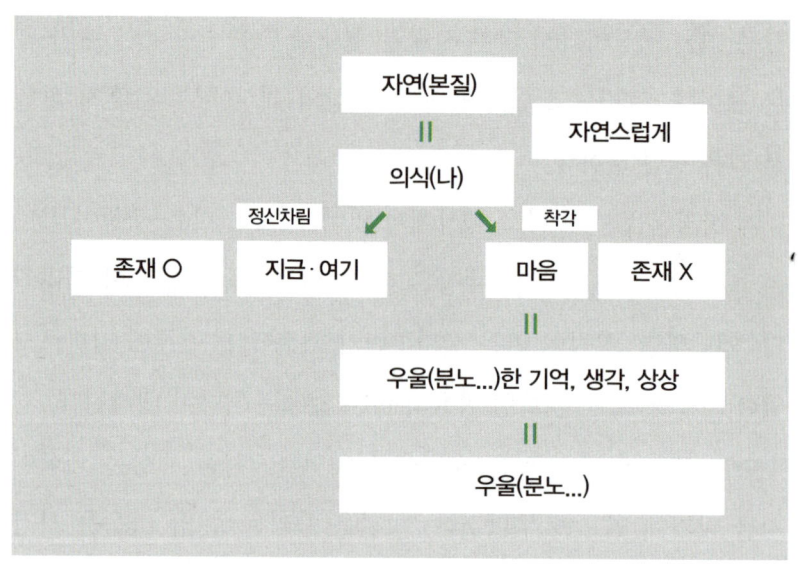

'마음의 병!'이라고 하면 우울증을 가장 먼저 입에 올린다. 많은 사람이 우울감에 시달린다는 이야기다. 누구나 강도만 다를 뿐이지 우울하지 않은 사람은 없다. 우울 외에도 분노, 증오, 짜증 등 마음의 병의 유발요인은 다양하다. 그중에서 우울함이 가장 대표격이므로 이를 파헤쳐 보도록 한다. 여타 유발요인도 이와 다르지 않으므로 이를 벗어나는 것에도 도움이 될 것이다.

도표는 대부분 위에서부터 아래로 설명되는 것이 기본이다. 하지만 여기서는 도표의 아래에서 위로 올라가며 설명되며, 본질에 접근하게 된다.

우울은 우울한 기억이 바탕이다. 우울한 기억이 없으면 우울은 없다. 우울은 우울한 기억이 있었기에 우울함이 시작된 것이다. 이 우울한 기억이 생각으로 떠오르고, 우울한 기억을 바탕으로 온갖 우울한 상상이 시작된다. 이러한 상태가 마음이다. 우울한 마음이 생겨난 것이다.

그러나 마음은 존재성이 없다. 세상에 없다는 것이다. 세상은 지금 여기만이 존재한다. 지금 여기에는 우울함이 없다. 오로지 지금 여기만이 존재한다.

이러한 지금 여기와 마음 세상을 가르는 것은 의식인 나이다. 내가 있어 이를 구별하여 사는 것이다. 의식이 마음으로 들어가 우울한 세상을 만든 것은 착각했기 때문이다. 의식은 언제나 지금 여기를 향해야 한다. 이것이 정신 차림이다.

정신을 차려 지금 여기에 있어야 마땅하다. 이런 삶이라야 본질인 자연의 이치에 맞는다. 나의 본질은 자연이다. 자연에는 우울이라는 단어가 없다. 우울함이 만들어지는 마음이 존재하지 않는다. 그저 자연스럽게 산다. 이것이 나의 본질이고 사명이다.

너는 누구냐? - 중독

중독은 나태한 마음에 묶인 것이다.
중독은 달콤한 마음에 빠진 것이다.
중독은 어리석은 마음에 묶인 것이다.
중독은 도피하려는 마음에 휘둘리는 것이다.
중독은 자포자기의 마음에 놀아나는 것이다.

이렇듯 중독은 없는 마음에 지배당하는 것이다.
그러므로 철들어 정신 차리는 그것이 최선이다.

 중독은 마음의 병이다. 한번 지배를 당하면 헤어나기가 무척이나 어렵다. 따라서 모든 병이 그렇듯 중독 또한 사전 예방이 중요하다. 사전 예방은 두말할 필요도 없이 정신 차림이고 철듦이다. 치료에서도 단언컨대 철듦보다 효과적인 방법은 없다. 왜냐하면, 모든 것이 마음이기 때문이다.
 세상에는 존재하지 않는 마음이다. 그러므로 마음이 없음을 인정하기만 하면 중독은 더는 문제가 되지 않는다. 마음의 병을 '마음의 집착(의미) 강도의 정도'라고 했다. 하여 중독도 마음에 집착

하고 있는 것은 맞다. 하지만 중독은 마음의 집착(의미)을 넘어 지배를 당하고 있다고 보는 것이 더 설득력이 있다.

　중독을 좀 더 들여다보면 이렇다. '중독은 나태한 마음에 묶인 것'이다. 나태함이 불러오는 그 느긋한 상황에 물들다 보면 수시로 그 상황에 들어가 묶이길 주저하지 않게 된다. 이것이 중독의 시작이다. 나태한 마음은 중독과 가장 매칭이 잘 되는 마음이다. 그러므로 규칙적인 생활은 중독을 예방하는 좋은 습관이라 할 수가 있다.
　다음으로 '중독은 달콤한 마음에 빠진 것'이다. 살다 보면 마음이 힘에 겨운 경우가 많다. 이런 경우 대개는 힘든 마음을 달래려 애쓴다. 또 그 마음을 잊으려 안절부절못한다. 이런 순간에 마음을 달콤하게 하는 것을 만나게 되면 현혹되게 되어 있다. 한번 빠지게 되면 반복적으로 찾게 되는 것이 마음이다. 게다가 세상은 달달한 것 천지다.
　다음으로 '중독은 어리석은 마음에 묶인 것'이다. 한 번 두 번 반복하고 있으니 중독이다. 무슨 짓을 하였는지도 모른다. 중독은 이렇게 어리석은 마음에 묶여 바보 같은 행동을 한다. 마음에 묶인 줄도 모르거니와 묶이길 자청하고 있는 모습을 반복한다.
　다음으로 '중독은 도피하려는 마음에 휘둘리는 것'이다. 해결하고 돌파하려는 용기를 내기보다는 이를 회피 내지는 현실에서 도피하려는 마음이 벌이는 것이 중독이다. 어떻게 보면 괴로운 마음을 덮고자 또 다른 마음을 만들어 갇힌 꼴이 중독이다. 마음이라는 것이 한 꺼풀을 벗어나기도 힘겨운데 겹겹이 둘러싸인 마음이라니, 이를 벗어나기란 참으로 어려울 수밖에 없다.

다음으로 '중독은 자포자기의 마음에 놀아나는 것'이다. 정신을 차리는 것은 고사하고 이판사판 모든 것을 포기하겠다는 마음을 굳게 먹은 상태가 중독이다. 가장 헤어나기가 어려운 상태다. 요즘 들어 이런 부류의 마음들이 점점 팽배해져 가는 것 같다. 물질이 정신을 지배한 세태가 반영된 듯하여 안타깝다.

이처럼 중독은 마음이 벌이는 짓이다. 없는 마음에 지배를 당하고 있다. 그러므로 마음을 붙들고 있지 않다면 중독은 발붙일 곳이 없다. 마음이 존재하지 않는다는 사실을 인정하고 거부한다면 중독이라는 단어는 없다.

중독은 철들어 정신 차리는 것이 최선이다. 이런 간단한 방법을 몰라서, 이런 자연스러운 이치를 몰라서 헤매고 있다는 사실이 아이러니할 따름이다. 제발 마음이 없음의 이치를 인정하고 살았으면 하는 바람이다.

너는 누구냐? – 스트레스

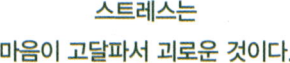

스트레스는
마음이 고달파서 괴로운 것이다.

스트레스는
마음이 힘들어 지친 것이다.

스트레스는
마음이 틀에 갇혀 답답한 것이다.

스트레스는
마음이 요동쳐 화가 난 것이다.

스트레스는
마음이 속상해 힘든 것이다.

그러므로
스트레스는 나와는 상관없는 존재하지 않는 마음이 그런 것이다.

따라서
스트레스는 의식이 마음에 들어가 있지 않으면 사라진다.

스트레스는 마음과 단절할 때가 되었음을 알려주는 신호다. 정신을 차리고 철들어 살라는 기회의 신호다. 철들어 마음이 없음을

확인한 지혜로운 사람은 안다. 스트레스는 마음이 그런 것으로 진짜 나와는 무관하다는 것을.

이럴진대 대부분은 이런 기회를 날려 버리고는 스트레스를 없애려고만 한다. 원인을 찾아 해결하려는 노력은 하지 않고, 오로지 마음으로 해결하려고만 고집한다. 그러니 스트레스는 스트레스를 만들어 점점 더 상황을 어렵게 만든다.

스트레스는 마음을 붙들고 사는 사람과 사람의, 마음과 마음이 부딪치며 내는 소리다. 마음을 나로 삼아 사는 한, 스트레스를 벗어날 수는 없다. 크건 작건 끊임없이 스트레스는 밀려올 것이다. 왜냐하면, 스트레스가 마음이기 때문이다. 살펴보면 이렇다.

스트레스는 '마음이 고달파서 괴로운 것'이다. 스트레스가 따로 존재하여 나를 괴롭히는 것 같지만 그런 것이 아니다. 마음이 괴로운 것이 스트레스인 것이다. 마음이 없으면 되는데 마음을 고집하고 있으니, 스트레스가 나타난다.

또 하나, 스트레스는 '마음이 힘들어 지친 것'이다. 나와는 상관없는 마음이 그런 것이다. 그러니 관여하지 않으면 해결된다. 마음은 붙들고 안달복달할 필요가 없다. 그 마음이 나와는 별개라는 개념 정리가 필요하다. 이런 정리가 되지 않고는 마음이라고 하는 요물이 펼치는 세상의 불협화음은 해결되지 않는다.

또 하나, 스트레스는 '마음이 틀에 갇혀 답답한 것'이다. 그 틀 또한 마음이 만든 것이다. 그 틀에 세상을 맞추려 하고 있으니,

너와 나 모두가 답답할 수밖에 없다. 이런 상황이 스트레스다. 이 모든 것도 마음이 있어 일어나는 사단이다.

또 하나, 스트레스는 '마음이 요동쳐 화가 난 것'이다. 마음이 없다는 것을 인정하고 정신을 차린 사람은 안다. 상대가 없는 마음을 붙들고 요동을 치고 있다는 것을 의식한다. 그러나 정신이 없는 경우 서로 요동치는 마음으로 화가 치밀어 주체하지 못하는 지경을 맞이한다. 스트레스가 최고조에 달하여 온갖 사건 사고를 일으키는 지점이다. 마음을 의식하지 않으면 될 일을 마음을 나로 알아 이 마음을 지키려고 하고 있으니, 해결점을 찾기는 요원하다.

또 하나, 스트레스는 '마음이 속상해 힘든 것'이다. 속상하다는 것은 마음에 스크래치가 생겼다는 것이다. 그까짓 마음 따위 없음을 인정하면 되는데 마음을 붙들고 고집하고 있으니, 마음의 스크래치에 연연하는 것이다. 정신을 차리면, 철이 들면 보살필 마음도 없고 스크래치가 생길 마음도 없다.

살펴본 대로 스트레스는 '나와는 상관없는 존재하지 않는 마음이 그런 것'이다. 그러므로 스트레스는 '의식이 마음에 들어가 있지 않으면 사라지는 것'일 뿐, 나와는 무관하다.

이렇듯 모든 것이 마음 없음으로 해결된다. 스트레스 또한 마찬가지다. 하여 스트레스를 기회로 철듦의 일대 변혁을 맛보는 것도 좋지 않을까 싶다. 역경을 기회로 삼는 것도 지혜다.

너는 누구냐? - 불안

> 불안은 지나간 마음일 뿐이다.
> 불안은 지금 여기와는 무관한 마음일 뿐이다.
> 불안은 지레 겁먹은 마음일 뿐이다.
> 불안은 실체가 없는 허상의 마음일 뿐이다.
>
> 그러므로 불안이라고 하는 것은
> 불안의 마음이 불안의 마음을 부르고 있는 것이다.
>
> 따라서 불안은 정신을 차려 마음을 물리치면 저절로 해결된다.
> "호랑이에게 물려가도 정신만 차리면 된다"라는 말처럼,
> 정신을 차려 지금 여기 이렇게 오롯이 서기만 하면 된다.
> 아주 자연스럽게.

속담 중에 "자라 보고 놀란 가슴 솥뚜껑 보고 놀란다"라는 말이 있다. 놀랐던 과거의 마음을 붙들고 있기에 이와 비슷한 상황만 와도 미리 겁을 먹고 놀라기에 한 말이다. 마음을 나로 삼아 사는 한, 이런 상황을 벗어날 수는 없다. 마음을 가지고 살기에 그런 것이다.

불안도 마찬가지다. 불안한 상태가 아님에도 불안에 시달리고,

너무 과하게 불안해하는 것을 보면, 하나같이 마음에서 비롯된 것임이 드러난다.

불안은 '지나간 마음'일 뿐이다. 지금 여기에 없는 것은 모두 과거다. 붙들고 있을 필요가 없는 허상이다. 지나가 버린 불안한 마음을 의식하고 있을 이유는 없다. 바보 같은 짓이다. 정신 차려 지금 여기에 머물러야 한다. 철듦이어야 한다.

불안은 '지금 여기와는 무관한 마음'일 뿐이다. 지금 여기가 아닌 것은 없는 것이다. 불안은 불안했던 과거일 뿐이다. 여기에 있지도 않은 과거에 매달려 있을 필요는 없다. 지혜란 이런 이치를 깨닫는 것이다. 지혜롭다, 자연스럽다, 철든다고 하는 말은 모두 이런 이치를 알아채라는 것이다.

불안은 '지레 겁먹은 마음'일 뿐이다. 이것 또한 과거의 사례에 비춰서 없는 미래로 달려간 마음이다. 없는 것에 매달려 있는 정신없는 짓이다. 지레 겁먹을 필요는 하나도 없다. 오히려 이런 마음으로 허둥대다가 일을 그르치게 된다는 것을 깨달아야 한다.

불안은 '실체가 없는 허상의 마음'일 뿐이다. 말 그대로 불안은 없는 것이 나를 조종하는 것이고, 없는 것이 설쳐대는 것이다. 없음을 인정할 일이다. 마음이 없다는 것을 인정하는 것이 최선이다. 절대로 없는 허깨비에 끌려다니지 말고 정신을 차려야 한다.

불안이라고 하는 것은 불안의 마음이 불안의 마음을 부르고 있는 것이다. 없는 것이 없는 것을 만들어 갇힌 것이다. 의식을 지금 여기에 머물게 해야 한다. 지금 여기를 의식하는 순간, 모든 허상의 허깨비들은 순식간에 자취를 감출 것이다.

이렇게 불안은 정신을 차려 마음을 물리치면 저절로 해결된다. "호랑이에게 물려가도 정신만 차리면 된다"라는 말처럼, 정신을 차려 지금 여기 이렇게 오롯이 서기만 하면 된다. 아주 자연스럽게.

길을 찾다 – 무기력 & 패닉

    길이 없을 때, 길을 잃었을 때, 막다른 골목의 끝에 섰을 때, 무기력에 빠지고 패닉 상태에 놓인다고들 한다. 이 경우 길은 어떤 길인지? 그 길의 목적지는 어디인지? 무기력은 무엇인지? 패닉은 무엇인지? 궁금해진다.

    이런 경우 대개는 '무기력'과 '패닉'에만 이목을 집중한다. 무기력을 극복하는 방법과 패닉에서 벗어나는 방법에만 혈안이다. 길과 목적지는 뒷전이거나 논쟁거리에서 제외되기 일쑤다.

    그러나 철듦의 측면에서 보면 무기력과 패닉은 그리 중하게 다룰 문제가 아니다. 왜냐하면, 무기력과 패닉은 마음이 처한 상황이기 때문이다. 없는 마음이 무기력에 빠진 것이고, 패닉 상태에 놓인 것이기에 아무런 문제가 되지 않는다.

    누구나 삶에 있어 되돌아보거나, 멈추거나, 물음표를 가지는 순간을 만난다. 몸이 아프거나, 멘탈이 붕괴되어 슬럼프에 빠지거나, 쌓아 놓았던 것이 무너지거나, 쌓는 과정에 실패하거나 등. 이런 경우를 만나지 않는 사람은 없다.

    이렇게 만나게 되는 것이 무기력과 패닉이다. 명칭이 무기력과 패닉이지 진단을 해보면 하나같이 '병명은 마음의 병, 아픈 곳은 마음, 원인은 마음을 붙들고 살기 때문에'라는 결과가 나온다. 치료 방법은 간단하다. 마음 없음에 이르러 마음 없이 살면 된다.

그러나 이를 인정하지 않고, 마음으로 사는 것을 포기하지 않는 한, 치유가 되거나 벗어나기는 어렵다. 여기에 더하여 살펴볼 것이 길과 목적지에 대한 물음표다. 어떻게 보면 치유의 시작과 끝이라 해도 과언이 아닐 정도로 병의 치유에 있어 물음표는 중요하다.

여기에서 가지게 되는 물음표는 두말할 것도 없이 '길'과 '목적지'다. 과연 도착해야 할 목적지는 어디였고, 정해진 길은 있었는지에 대한 간절한 물음표가 있어야 마땅하다. 더하여 이때 가지는 물음표는 '감사의 물음표'라는 사실이다.

자칫해서 누구나가 만나는 막다른 골목인 죽음의 문턱에 이르러 물음표가 찍혔더라면 그 안타까움과 절망은 이루 말할 수 없었을 것이다. 그런데 이렇게 궤도를 수정할 수 있는 지점에서 물음표를 만나게 되었으니, 감사함이 아니면 무엇이겠는가.

물음표에 대한 답은 허무할 정도로 간단하다. 목적지는 지금 여기에 사는 것이고, 길은 애초부터 없었다는 사실이다. 다시 말해 삶에 있어 이르러야 할 목적지와 그 목적지를 가는 길이 존재하지 않는다는 것이다. 그러므로 길을 찾아 헤맬 필요도, 막다른 골목이어서 당황할 필요도 없다.

태어남은 온 것이라서 목적지에 이른 것이고, 목적지에 왔으니 살면 그만이라서 길이라는 것이 딱히 필요치가 않았다. 이럴진대 도달해야 할 목적지가, 이루어야 할 그 무엇이, 또 이에 이르는 길이 있었던 것으로 착각하고 산다. 이것들을 붙잡으려 좌충우돌, 안절부절, 우여곡절을 치르고 있다.

다행스럽게도 무기력과 패닉의 순간을 만나 정신을 차리게 된다. 궤도를 수정하게 된다. 이러한 순간을 맞이하고도 또다시 길을 찾아 헤매는 우를 범하지는 말아야 한다. 정신을 차려 철이 들어야 한다.

물음표에 이르러 깨달아 보면 안다. 무기력과 패닉은 익어감의 시작이라는 것을. 모든 것은 철듦에 접어들면 안다. 사는 것이 무엇인지, 어떻게 살아야 하는지를.

정신줄 잡다 – 안전사고 & 교통사고

철듦은 안전사고를 예방하고 교통사고를 줄이는 데 아주 유용한 방법이다. 또한, 이들 사고의 근본적인 해결 방안으로도 적합하다. 왜냐하면, 이들 사고의 주요 원인이 '정신 차림'과 밀접한 관계가 있기 때문이다.

작업 현장에서 발생하는 안전사고를 보면 이해가 안 될 정도로 어처구니없는 경우가 많다. 사소한 문제와 부주의에서 발생한 경우가 대부분을 차지한다. 이렇게 어처구니없고, 부주의하게 된 원인은 다름 아닌 눈과 귀다. 눈, 귀의 기능을 마비시키는 마음 때문이다.

눈이 있되 보이지 않았고, 귀가 있되 들리지 않아서 그런 것이다. 이런 경우를 일러 '정신줄을 놨다'라고 한다. 정신줄을 놨다는 이야기는 의식이 지금 여기에 있지 않고 마음속에 있다는 것이다. 이렇게 의식이 마음속에 있어 정신줄을 놓게 되면 생각과 상상에 빠지게 되고 기분과 감정에 사로잡히게 된다. 이때는 오감이 닫히게 되는데 특히나 눈과 귀는 완전히 그 기능이 정지된 것이나 마찬가지의 상태가 된다.

이런 상태에서는 매너리즘, 불감증, 나태, 건성이라는 안전사고와 밀접한 행동을 무의식적으로 하게 되어 있다. 이 지점에서 안전사고는 시작되는 것이다. 어처구니없는 사고가 일어나 아까운 인명과 재산상의 손실이 발생하는 것이다.

이런 면에서 보면 안전사고의 예방은 정신 차림이다. 정신 차림은 최고의 안전사고 예방약이다. '똑! 똑!' 들려온 것을 의식하여 작업하게 되면 생각과 상상의 마음속이 아닌, 항상 지금 여기의 의식으로 작업을 하게 된다. 또렷이 보이고 들리는 지금 여기 이 순간에 머물며 작업에 임하게 된다. 정신줄을 잡고 작업을 하는 것이다.

정신 차림으로 작업장은 활력이 넘칠 것이고, 생산성은 향상될 것이 분명하다. 이렇게 정신 차림은 안전을 지켜 주는 규정이고, 신뢰고, 생명 존중이다. 최고의 안전사고 지킴이로서 손색이 없다 할 것이다. '똑! 똑!' 하고 안전한 작업환경, 정신 차림으로 개선되었으면 좋겠다.

교통사고도 안전사고의 하나다. 그러므로 정신 차림은 최고의 안전운전 습관이다. '똑! 똑!' 들려옴을 의식하며 운전하게 되면 생각과 상상의 마음속이 아닌, 지금 여기의 의식에서 운전하게 된다. 안전이 확보되는 것은 당연하다. 정신을 차렸으니, 주변을 정확하게 의식하게 될 것이다. 정해진 차선에 맞춰 운전할 것이며, 교통법규에 따라 약속된 대로 운전할 것이며, 안전을 해치는 불필요한 행동은 자제하며 운전할 것이다. '똑! 똑!' 하고 안전한 운전 습관, 정신 차림으로 만들어졌으면 좋겠다.

학교에 가다 – 직장 번아웃

　직장인 중에 번아웃 증후군(탈진 증후군)을 호소하는 사례가 늘어나는 추세인 모양이다. 세계보건기구가 내놓은 자료를 보면 번아웃은 직업과 관련하여 발생하는 증상으로 만성적인 업무 스트레스에서 유래된 것으로 에너지 고갈 혹은 소진의 느낌, 일에 대한 심리적 거리가 생기거나 일에 대한 부정적 생각 혹은 냉소, 직무 효능 감소 등을 특성으로 하는 증상이 동반된다고 한다.

　번아웃은 정신질환으로 보지는 않는 증상이라고는 하지만, 만성적인 업무 스트레스에서 연유한 것인바 '마음의 병'임은 분명하다. 마음으로 살며 마음이 힘든 것을 견뎌내려고 하니 여간 어려운 일이 아니다. 마음 없음을 인정하고 마음으로 사는 것을 포기하면 되것만 이를 모르고 있다. 번아웃은 이처럼 마음에 이리저리 휘둘려 삶이 헝클어지는 것이다.
　조직이라는 곳이 호락호락한 곳이 아니다. 가족도 아닌 사람들이 모여 가족보다도 더 오랜 시간을 보낸다. 각양각색의 마음 덩어리를 가진 사람들이다. 나만 번아웃 상태가 아닐 수도 있다. 나를 힘들게 하는 상대방도 만성적인 업무 스트레스에 힘든 지경인지도 모른다.

그러나 번아웃 상태에서는 주위 사람들의 마음이 들어오질 않는다. 주위를 살필 겨를도 없다. 그저 하루하루가 힘에 겨울 뿐이다. 그렇다고 잠시 휴식의 시간을 가지거나 업무의 변화를 가지면 좋으련만 그렇지 못한 곳이 조직이다. 게다가 한 가정을 책임져야 하는 상황이라면 피할 곳은 더더욱 없다. 이러지도 저러지도 못하는 지경에 이르게 되니 아주 난감하다.

이런 경우에 적합한 대응방법이 철드는 것이다. 정신을 차리는 것이다. 어쩌면 철듦은 번아웃의 예방과 치유를 넘어 삶을 새롭게 리모델링하는 기회를 만들어 줄지도 모른다.

철듦에 접어들 무렵, 아주 힘든 회사에서 전체를 총괄해야 하는 중책을 맡을 적이 있다. 누구 하나 만성적인 스트레스에 시달리지 않는 사람이 없을 정도로 회사는 최악의 여건이었다. 그렇다고 맡은 자리를 버리고 나올 형편도 아니었다. 어떻게든 조직을 추슬러야 했다. 출근은 말 그대로 천근만근의 몸과 복잡하기가 그지없는 마음을 짊어진 상태로 했다. 퇴근은 지끈지끈한 머리를 부여잡고, 산적한 내일의 일을 걱정해야 하니 편치가 않았다.

변화하지 않으면 더는 견디기가 어려운 지경에 이르러서야 정신이 들었다. 철이 들어야 하는 순간임을 깨달았다. 모든 것을 철듦의 장으로 삼아야 하는 기회로 전환했다. 회사는 더는 회사가 아니었다. 정신을 차려 지금 여기에 서니, 일터는 철듦의 학교였음이 드러났다.

출근은 학교 가는 신나는 등굣길이었고, 퇴근은 하루 동안 일어났던 각종 우여곡절이라는 감사함의 조건들로 무르익어 뿌듯한 하굣길이 되었다. 내가 없어야 신나는 조직이 된다는 이치는 그대로 현장에서 꽃으로 피어났다.

마음 없음이 답이었다. 마음을 가지고는 아무것도 거둘 것이 없다는 것이 조직의 곳곳에서 증명되었다. 마음이 없으니 하나가 되었고, 불협화음도 점점 줄어들었다. 이렇게 회사는 신나는 철듦학교, 어른으로 익어가는 철듦학교로 변했다.

이렇게 철듦의 장은 언제 어디서든 학교의 역할을 하게 된다. 가정도, 일터도, 사회도, 국가도, 세상도, 철듦의 학교가 될 수 있다. 이런 철듦의 학교에서는 번아웃이라는 단어가 무색하다. 번아웃은 더는 발을 붙일 수가 없다. 이것이 마음 없음, 정신 차림, 철듦이 주는 교훈이 아닐까 한다.

4부

철듦의 지혜로
마음 없이
자연스럽게

성인이란?

성인이란?
철들어 지금 여기를 의식한 사람일 뿐이다.
이외 여타 거론이 되는 성인이라는 관념은 성인을 일컬음이 아니다.
그것은 마음이 만든 허상이다.
그러므로 별것 아닌 것에 굳이 의미를 부여하고
귀신을 만들어 우상화하거나 현혹될 필요가 없다.
이것이 철이 들어야 하는 이유다.

성인이라 하여 받든다. 추앙하곤 한다. 이런 시류에 편승하여 이상한 집단들이 나타나 혹세무민(惑世誣民)하고 있다. 신을 만들기도 하고, 신이 되기도 하고, 신이라 선언하기도 한다. 정신을 가다듬고 주변을 살펴볼 필요가 있다.

성인이라 하면 정신을 차려 지금 여기를 오롯이 의식하고 있는 사람일 것이다. 이렇게 보면 사전적인 의미의 성인과 각 집단에서 받들고 있는 인물들이 과연 성인이라고 할 만한 것인가에 대한 판단은 유보적이다. 또 한편으로는 과연 지금까지 성인다운 성인이 있었는지도 의문이다.

　의식이 지금 여기에 머묾이 다. 이럴진대 특별하게 이를 칭송하고 호들갑을 떨 필요가 있을까 싶다. 더군다나 이들이 나의 모든 문제를 일순간에 해결해 줄 것처럼 호들갑을 떠는 것은 더더욱 우스꽝스러운 일이다.

　인간이 끌어안고 살아가는 문제들은 마음이 없다는 것으로 일단락된다. 의식이 지금 여기에 있다는 것으로 모든 것이 일순간에 해결된다. 물거품처럼 일어났던, 마음이 있다는 착각이 만들어 낸 복잡한 일상은 단순하게 정리된다.

　허상은 허상을 만들어 내고 이를 섬긴다. 마음은 허상일 뿐, 아무런 뜻과 의미가 없다. 마음이 벌여 놓은 모든 것들은 허상이다. 거창하게 이름 붙여진 허상이라고 해서 다르지 않다.

　허상이 만든 것들에는 미혹이라는 단어가 붙어야 마땅하다. 미혹한 신, 미혹한 성인, 미혹한 성물, 미혹한 잡동사니 등. 이를 일러 귀신이라 하고 귀신 놀이라 하는 것이다. 귀신 놀음에서 벗어나는 방법은 하나밖에 없다. 정신을 차리는 것이다. 철이 들면 모든 것이 제자리를 찾는다. 더는 귀신에 현혹되지 않는다.

미신이란?

> 지금 내가 믿고 있는 대상은 신일까? 귀신일까?
> 신의 정의는?
> 귀신의 정의는?

마음속에서 그려지고, 만들어지고, 구체화한 것이 있다면 그것은 일체가 허상인 귀신이다. 그것은 착각의 산물인 마음이 빚어낸 것이라서 그렇다.

종교에서는 각기 신을 섬기고 믿는다. 신에게 기도하고, 신에게 용서를 구하고, 신에게 장래를 부탁한다. 자문자답이기는 하지만 기대기도 하고, 묻기도 하고, 응답을 받았다고도 한다. 신의 대리인을 자청하여 거들어 주기도 하고 대리하여 답을 전해주기도 하는 형국이다. 과연 그것은 신에게서 나온 것일까?

종교와 신은 마음이 진화하면서 구체화도 되고 논리적으로 그 면모가 다듬어졌다. 그러면서 시대의 흐름이 반영되고 권력의 소용돌이를 헤쳐 나오며 나름대로 독보적인 진화를 거듭한다. 오늘날의 모든 종교가 가지는 특징이다. 완전하지 못하니 종파가 난립하게 되었고, 사이비가 들끓는 상황이 되어 버렸다. 모든 것이 마음의 산물이다. 존재하지 않는 마음이 벌여 놓은 것들이다.

종교와 신은 마음의 산물인가? 자연의 산물인가? 마음이면 귀신이고 자연이면 진리다. 진리는 다툼이 없어야 마땅하다. 과연 다툼이 없는가? 이렇게 약간만 비틀어도 대답은 바로 나온다. 비틀어 보는 것을 불경스런 짓이라 몰아붙이고, 의구심이 생기는 것을 터부시하니 답답할 노릇이다.

각 종교에서 신의 계시라며 설명하는 것을 살펴보면 온통 마음에서 지어낸 것뿐이다. 자연에서 비롯된 것은 눈을 씻고 찾아봐도 없다. 어찌 그리 하나같이 마음을 대변한 것밖에 없는지 의아할 따름이다.

지금 여기, 철들어 정신을 차린 사람은 안다. 신이 이렇게 옹졸하고 치졸하고 간사하지가 않다는 것을. 신은 세상 그 자체요, 하나의 세상이요, 생명의 세상이요, 영원불멸의 세상이라는 것을.

마음을 놓고 살면

마음을 놓고 살면
어른이고, 스승이고, 철든 사람이고……
부자고, 성공이고, 행복이고……
바람이고, 물이고, 자연이고……
자유고, 평화고, 사랑이고……
하늘이고, 성인이고, 신이고……
죽어서 산 사람이고, 다시 남이고, 부활이고…….
'어라! 어렵지 않네!'

마음을 나로 삼아 살고 있다. 하는 짓이라고는 마음을 지키는 일뿐이다. 마음에 조금이라도 위해가 될까 봐서 전전긍긍이다. 평생을 마음 하나 지키고 보살피느라 노심초사하다가 생을 마감하는 것이 우리들의 삶이다.

마음의 삶은 아무리 잘살아도 허무하다. 마음의 삶은 아무리 발버둥을 치고 살아도 뜻과 의미가 없다. 마음의 삶은 아무리 쌓고 또 쌓아도 남음이 없다. 그러므로 단 하루를 살아도 마음을 놓고 살 일이다.

마음은 없다. 마음을 놓고 살아야 한다. 그것이 진짜 사는 것이다. 마음을 놓고 산다는 것은 정신을 차려 지금 여기에 나서 산다는 것이다. 마음이 없음을 인정하고 마음으로 살기를 포기한 것이다. 이런 연후에 맞이하는 세상은 새롭다.

마음이 없는 지금 여기의 세상에 난 사람은 철든 사람이기에 어른이고 스승이다. 세상을 다 얻어 세상 그 자체다. 진정한 부자요, 진짜로 성공한 사람이다. 언제나 행복한 사람이다. 걸림이 없으니 물이요, 바람이요, 그대로 하나의 자연이다. 언제나 자유고, 평화고, 사랑이다. 내가 없으니 하늘이고, 성인이고, 신이다. 죽었기에 살아난 사람이고, 다시 태어난 사람이다. 진짜 부활한 사람이다.

철듦은 특별하지도 않고 어렵지도 않다. 항상 의식을 지금 여기에 두기만 하면 된다. 들려오는 소리를 의식하여 정신 차리면 된다. 나타나는 것을 의식하여 정신 차리면 된다. 움직임을 의식하여 정신 차리면 그만이다. 숨을 쉬고 있다는 것을 의식하여 정신을 차리기만 하면 된다. 조용히 자신의 이름을 불러도 좋다. 신기하다. 신기하다 못해 허탈하다. '어라! 어렵지 않네!' 감탄사가 저절로 나온다.

걸림돌

마음은 걸림돌일 뿐이다.

　마음으로 살고 있다. 마음을 위해서 살고 있다. 마음이 시키는 대로 살고 있다. 마음에서 벗어나지 않는 것이 인간의 삶이다. 인간이 벌이고 있는 정치, 경제, 사회, 종교, 교육, 문화, 예술, 철학 등 어느 하나 예외가 없다. 모두 마음이 벌여 놓은 판세다.

　그 판세가 심상치 않다. 세상의 곳곳에서 불협화음이 일고 있다. 해결 방법이 없어 우왕좌왕, 중구난방 허둥대기에 급급하다. 원인을 찾아 해결하려는 기미는 보이지 않는다. 단지, 남의 탓을 하는 고성만이 오고 갈 뿐이다.

　안타깝다. 마음이 벌여 놓았다는 것을, 마음 때문에 이렇게 되었다는 것을 알기만 하면 풀릴 일이다. 마음의 허상을 모르고 있어 이러고들 있다. 마음의 실체를 알면 금방 풀릴 것을 헤매고 있으니 어처구니가 없다. 마음은 인간의 삶에 걸림돌일 뿐, 아무런 도움이 되지 않는다. 불협화음이 생기면 마음이라는 걸림돌이 작용했다는 것을 알아야 한다. 실체가 없는 마음이 벌이고 있는 사태라는 것을 알아채는 것이 중요하다.

철딱서니

> 철딱서니란?
> 마음에 꽁꽁 묶여 정신을 못 차리는
> 나이만 먹은 못난이를 이르는 말이다.

나이가 차면 어른이 되는 줄 알았다. 나이를 먹어도 어른이라는 것이 찾아오지 않았다. 주변을 봐도 어른은 없었다. 어른이 무척이나 궁금했다.

철딱서니는 나이는 먹었으되 어른이 되지 못한 선량을 이르는 말이다. 철이 없다는 것은, 정신을 못 차린다는 것은, 의식이 마음에 동화되어 마음을 나로 삼아 살고 있다는 증거다. 나이를 제대로 먹을 일이다. 나이가 들면 철딱서니를 벗고 어른이 되어야 마땅하다. 그렇지 않으면 평생을 정신없이 살다가 생을 마감한다.

철든 어른이라야 삶의 목적에 다다를 수가 있다. 철든 사람만이 어른의 행세를 하는 것이다. 그렇지 않고 어른 행세하는 것은 못남을 드러내는 추한 행동이다. 못난이가 되지 않으려면 철이 들어야 한다.

목적 상실

삶에서 갈피가 잡히지 않는 것은
목적을 상실했기 때문이다.
마음 때문이다.

　잘산다고 하는 사람도, 잘 못산다고 하는 사람도, 삶의 갈피가 없기는 마찬가지다. 그것은 어떻게 살아야 하는지, 왜 사는 것인지에 대한 답이 없기 때문이다. 삶의 목적이 없기에 그렇다.
　마음은 실체가 없는 허상이다. 하루에도 오만 번이나 변하는 마음이다. 이런 마음을 나로 알고 산다. 삶의 갈피가 안 잡히는 것은 당연하다. 언제부턴가 인간의 삶은 마음을 드러내는 것을 목적 삼아서 사는 형국이다.
　자연에 존재하는 모든 개체는 하나의 분명한 목적이 있다. 개체는 전체의 존재를 증명하는 사명으로 태어난다. 이것이 개체의 존재가치다. 하나라는 전체가 존재함을 나타내기 위하여 개체는 존재하는 것이다. 이런 개체로서의 목적을 잊은 것은 마음 때문이다.

마음이 있다는 착각을 하여 그 마음을 나로 삼은 탓이다.

 잃어버린 목적을 찾는 방법은 간단하다. 착각에서 벗어나면 된다. 마음이 있다는 착각을 걷어 내면 그만이다. 마음이 없다는 것을 인정하고, 마음으로 사는 것을 포기하고, 지금 여기뿐임을 믿고, 지금 여기에 삶을 실천하고, 일어나는 마음을 거부하고, 일어나는 마음을 무시하는 것이 답이다.

양육 & 철듦

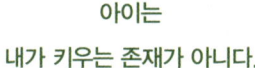

아이는
내가 키우는 존재가 아니다.

아이는
나를 철들게 하는 존재다.

부모가 되는 일은 숭고하고 아름다운 여정이다. 아이와 함께하는 여정에 있어서 자연성을 유지하는 것은 중요한 항목이다. 자연에는 '저절로'라고 하는 공식이 있다. 키워주지 않아도 알아서 잘 자라고 다듬어지게 되어 있다는 의미다. 이런 의미에서 아이는 내가 키우는 존재가 아니라는 걸 알아야 한다.

부모라고 해서 완전한 존재는 아니다. 성숙한 상태도 아니다. 더욱이 부모의 자격을 갖춘 것도 아니다. 이런 나에게 아이가 찾아온 것은 우연이 아니다. 그것은 사랑이다. 하나인 전체가 보내온 사랑의 증표다.

아이는 나를 철들게 하는 존재다. 부모는 아이를 통해 어른으로 무르익어 간다. 그러므로 숭고한 존재는 나를 깨우쳐 철들게 하려, 아이를 보낸 것이 틀림없다. 이를 소홀하게 흘려 버리면 절대로 안 된다. 무릎을 꿇고 감사해야 한다.

아이는 나를 깨우쳐 어른의 길로 안내하는 것에 충실할 것이다. 이리저리 굴리길 주저하지 않을 것이다. 재롱은 한 줌이지만 말썽은 한 가마니를 안겨줄 것이다. 기쁨은 잠시 잠깐이지만 걱정과 한숨은 한평생 짊어지게 할는지도 모른다. 그렇다고 해서 마음을 다해 키우는 것은 어리석은 짓이다. 이 경우 자칫, 나를 꼭 닮은 또 다른 나를 만들게 되는 화를 당하게 될 수도 있다.

스승의 자리도 이와 다르지 않다. 스승은 부모와 같은 존재다. 학생은 가르쳐서 그 무엇으로 키워져야 하는 존재가 아니다. 학생은 스승을, 철들어 정신 차리게 하는 존재라고 보는 것이 맞다. 찾아온 숭고한 존재를 소중하게 여겨, 깨달음에 소홀함이 없어야 한다. 이것이 참스승의 올바른 자세다.

어른 & 지혜

마음속에서 마음을 붙들고 힘들어하는 것보다
마음 없음을 인정하고 착각에서 벗어나는 것이
어른의 모습이고 정신 차린 지혜로운 사람이다.

어른이 그립고, 지혜로운 사람이 절실한 시절이다. 나이만 먹은 이들이 어른 행세를 하는 꼴 사나운 모습들이 판치는 세상이다. 어디를 찾아봐도 어른의 모습은 보이지 않는다. 지혜를 전해주는 선지식은 없고, 먹물만 가득 찬 설익은 지식인들만이 넘쳐난다.

나이가 어른의 기준이 될 수는 없다. 알음알이가 많다고 어른은 아니다. 무릇 어른이라 하면 의식이 마음에 있지 않고, 온전히 지금 여기를 의식한 정신을 차린 사람일 것이다.

마음은 없다. 마음을 나로 삼은 것은 착각이다. 마음이 없다는 것이 인정되어야 한다. 그래야 마음의 굴레에서 벗어난다. 그렇지 않으면 이 마음의 굴레는 평생 나를 옥죄고 가두길 멈추지 않을 것이다.

도깨비방망이

마음은
도깨비방망이다.
없는 것을 자꾸 만들어 낸다.

원수 & 은인, 행복 & 불행,
천국 & 지옥, 사랑 & 증오,
우울, 슬픔, 기쁨, 불안…….

도깨비방망이와 결별하는 것이
철듦이고 정신 차림이다.

옛날이야기 혹부리 영감에 나오는 도깨비방망이는 무엇이든 뚝 딱뚝딱 만들어 낸다. 어린 시절 도깨비방망이는 무척이나 갖고 싶었던 동경의 대상이었다. 도깨비방망이만 있으면 무엇이든 가질 수 있고, 무엇이든 할 수가 있으니 당연하다.

우리에게도 도깨비방망이가 있다. 마음이라는 도깨비방망이다. 이 방망이는 도깨비방망이와는 비교가 되지 않는다. 그 요술이 어마어마하다. 실체가 없는 것도 자꾸만 만들어 내는 재주를 부린다.

원수도 만들고 은인도 만든다. 행복도 만들고 불행도 만든다. 천국도 만들고 지옥도 만든다. 사랑도 만들고 증오도 만든다. 우울, 슬픔, 기쁨, 불안 등 실체가 없는 것을 만들어 낸다. 이렇게 만들어진 것들은 나를 옥죄고, 들볶고, 괴롭히길 반복한다.

마음은 도깨비방망이다. 없는 것을 만드는 도깨비방망이다. 우리는 평생을 도깨비방망이가 춤추는 대로 휘둘려야 한다. 그러므로 어쩌면 삶이라는 것이 마음이라는 도깨비방망이 놀음에 놀아나다가 생을 마치는 것인지도 모른다. 철이 없는 것도, 어른이 못 되는 것도, 모두가 이런 연유다.

도깨비방망이에서 벗어나야 한다. 그것이 성공한 사람이고, 잘난 사람이다. 철듦과 정신 차림은 어려운 일이 아니다. 철듦과 정신 차림은 이 마음 도깨비방망이와 결별하는 것이다.

마음 없이 임하다

마음 없이 임하여야
지도자이고 공복이고 윗사람이다.

무릇 지도자이고 공복이고 윗사람이라 하면, 그 첫 번째 덕목은 마음 없이 임해야 한다는 것이다. 마음은 허다. 마음을 있는 대로 다 짊어지고 자리에 임하면, 헛심이 잔뜩 들어차서 그 책무를 제대로 수행하기가 어렵다.

마음의 헛심은 과욕, 허세, 자만 등을 불러들여 거품을 끼게 만든다. 마음의 헛심은 정신줄을 놓게 하여 판단력을 떨어뜨린다. 마음의 헛심은 순리가 없어 독단적인 행동을 유발한다. 마음의 헛심은 간사하여 사탕발림에 놀아나기 쉽다.

마음 없음은 정신 차림이다. 철듦이다. 어른임을 선언한 것이다. 자연임을 자각한 것이다. 자연스럽게 순리를 따를 것이고, 자연스럽게 섭리대로 펼칠 것이고, 자연스럽게 하나로 이끌 것이다. 또 자연스럽게 보살필 것이다.

그러므로 지도자를 선출하고, 공복을 뽑아 세우고, 윗사람을 정하는 일은 매우 중요한 절차다. 무턱대고 집단의 논리에 휘둘려 귀중한 한 표를 헛되게 행사해서는 곤란하다. 살피고 또 살펴서 마음 없이 자리에 임할 적임자를 선출해야 한다. 이것이 지혜로운 백성의 참된 자세다.

용기와 지혜

> 어떤 일을 함에 있어
> 용기와 지혜가 샘솟는 지점은
> 마음 놓고 일을 추진하는 순간이다.

용기와 지혜는 일의 성패를 좌우하는 중요한 덕목이다. 용기가 있으면 난관에 봉착했을 때 쉽게 이를 극복할 수 있다. 지혜가 있으면 어렵지 않게 난제를 해결한다. 한마디로 용기와 지혜는 가장 든든한 버팀목이며, 일에 있어 성공의 열쇠라 할 수 있다.

그러나 의식을 마음에 두고 있으면 용기와 지혜는 나오지 않는다. 생겼다고 해봐야 용기는 자만심과 호기를 부리고 있을 가능성이 크고, 지혜는 얕은 지식 따위가 포장되어 나온 술수일 가능성이 크다.

여기에다 마음이 있으면 눈치를 보느라 생겼던 용기도 슬그머니 뒤로 물러나게 되어 있다. 지혜도 마찬가지다. 지혜도 간사한 마음에 가려 싹을 틔우지도 못하고 메말라 버리게 할 뿐이다.

진정한 용기와 지혜는 마음을 벗어남에서, 마음이 없음에서, 확인할 수가 있다. 어떤 일을 추진하는 것에 있어 용기와 지혜가 샘솟는 지점은 마음을 놓고 일을 추진하는 순간이다.

 마음이 없으면 주변의 눈치 따위는 신경 쓸 필요가 없다. 마음이 없으면 일이 잘못되지나 않을까 하며 노심초사하지 않는다. 어쩌면 일의 성패는 바로 이 순간에 결정되는지도 모를 일이다.

마음 없이 대하다

> 마음 없이 대해야
> 부모이고, 남편이고, 아내고,
> 자식이고, 가족이고, 친구다.

갈등의 원인과 해결은 마음에 있다. 마음으로 대하면 모든 것이 모순투성이가 된다. 나를 제외한 모든 사람이 잘못되었다는 아집의 늪에 빠진다. 이것이 마음이 가지는 속성이고 오류다.

'마음은 없다.' 이렇게 알면 좋으련만, 그렇지 못한 것이 우리네의 삶이다. 실체도 없는 마음으로 주변을 심판하려 드니, 하루도 편할 날이 없다. 마음은 없는 것이지만 있다손 치더라도 아주 주관적인 자기만의 일방적인 주장일 뿐이다. 이런 마음으로 주변을 대한다는 것은 그리스 신화에 나오는 프로크루스테스의 침대를 들이대는 짓과 하나도 다를 바가 없다.

특히 가까운 사이일수록, 보살핀다는 핑계로, 이런 행동을 일삼고 있을 가능성이 크다. 더군다나 절대적인 우월적 지위를 발판 삼아 횡포에 가까운 행동을 일삼으면서도, 이를 전혀 인식하지 못한다. 당연한 것으로 여기기 일쑤다.

반대로 오냐오냐 병에 걸린 자식이 부모에게 내미는 일방적인 주장도, 가장들이 벌이는 횡포에 못지않다. 특히나 자식이 한둘에 그치는 요즘에 들어, 이러한 현상은 드물지 않게 벌어지고 있는 형편이다.

가족이나 친구 등 아주 가까운 사이일수록 마음 없이 대해야 한다. 그렇지 못한 경우 구성하고 있는 틀은 형편없이 구겨지고 무너져 복구 불가능의 상태가 된다. 부모, 남편, 아내, 자식, 친구의 관계에는 특별히 자격을 갖춰야 하는 사이는 아니다. 그저 마음 없이 서로를 대하는 것, 이 이상 더 필요한 것은 없다.

마음 사탄

사람이 대상으로 보이면 마음 사탄이 된 것이다.

돈벌이 대상, 욕심의 대상, 화풀이 대상······
갑질의 대상, 마케팅 대상, 전도의 대상······

마음 사탄을 물리치는 특효약은
정신 차림이고, 철듦이고, 지금 여기뿐이다.

보이스 피싱, 다단계 사기, 상품권 사기, 코인 사기, 스팸 문자, 쇼핑몰 먹튀 사기, 전세 사기, 재벌가의 갑질, 사이비종교의 일탈, 사기결혼, 과잉 진료와 과잉 성형 등 사람을 대상으로 삼은 각종 탈법과 불법이 기승을 부리고 있다.

과욕을 부린 본인의 책임으로 돌릴 수도 있다. 하지만 교묘한 수법에 넋을 놓고 당하는 사람들이 많은 것을 보면, 그리 쉽게 여길 문제는 아닌 듯하다. 이런 사례는 드러난 것보다 드러나지 않은 것들이 훨씬 더 많다고 봐야 한다. 그러므로 나도 부지불식간에 이런 어처구니없는 짓을 하는 것은 아닌지 돌아볼 필요가 있다.

종교에서 말하는 사탄은 하나님의 작품이 아니다. 이것은 "완전한 하나님이 무엇에 쓰려고 이런 쓰레기를 만들지?" 하는 물음표 하나로 결론이 바로 나와 버린다. 모든 상황은 마음이 벌이고 있는 짓이라는 것을 알 수 있다. 마음이 하는 짓이 사탄이라는 결론에 이르게 된다.

마음이 사탄이다. 탐욕에 물든 마음 사탄은 인간을 대상으로 여긴다. 돈벌이 대상, 욕심의 대상, 화풀이 대상……. 갑질의 대상, 마케팅 대상, 전도의 대상…….

마음 사탄을 물리치는 특효약은 정신 차림이고, 철듦이고, 지금 여기뿐이라는 것을 깨달아야 한다. 그것이 나도 살고 남도 살리는 길이다.

갈등과 다툼

갈등과 다툼은
상대의 마음을 바꾸려는 무모함에서 비롯된다.
그러나 마음은 착각일 뿐, 실체가 없으므로
상대의 마음을 바꾼다는 것은 어리석은 짓이다.
그러므로 갈등과 다툼은 마음이 없다는 것을
깨닫는 정신 차림으로 자연스럽게 해결된다.

갈등과 다툼은 펼쳐진 상황으로 인하여 그런 것 같지만 그렇지가 않다. 갈등과 다툼은 마음과 마음이 만나 부딪치는 것일 뿐, 실제와는 무관하다.

마음은 없다. 나만이 있다고 여기는 착각이다. 하여 마음과 마음이 만났다는 것은 허상과 허상이 마주한 것과 마찬가지다. 그러므로 갈등과 다툼은 허상과 허상이, 각자의 마음을 들이대며 자기 것이 맞는다고 우겨대는 상황인 것이다.

실체가 없으니, 서로는 우기게 된다. 마음을 드러내 상대방에게 보여주지 못하니 답답해서 미칠 지경이다. 점점 갈등과 다툼은 골이 깊어질 수밖에 없다. 이렇게 갈등과 다툼은 상대의 마음을 내 마음과 같게 하겠다는 무모함에서 비롯된다.

   그러나 마음은 실체가 없다. 존재하지도 않는 상대의 마음을 바꾼다는 것은 어리석은 짓이다. 그러므로 갈등과 다툼을 벗어나는 방법은 마음이 없다는 것을 깨닫는 지혜에서 출발한다. 이런 정신 차림으로 갈등과 다툼은 자연스럽게 해결된다.

삶의 맛

마음에서 벗어나면
잃었던 삶의 맛이 돌아온다.

땀 흘려 일하는 맛
아이와 함께하는 맛
집중해서 공부하는 맛
활기차게 출근하는 맛
신나게 어울리는 맛
오순도순 함께 사는 맛
성숙한 어른이 되어가는 맛
지혜가 열려 물음이 줄어드는 맛
자연으로 자연스럽게 사는 맛

삶의 맛을 되찾는 것이
철듦이고 정신 차림이다.

"살맛이 나지 않는다"라고들 한다. 삶의 갈피가 없음을 드러낸 말이다. 어쩌면 자연성을 잃은 인간의 고뇌에서 나온 투정일는지도 모른다. 지금 여기를 떠나 마음으로 사는 인간의 처절한 절규가 아닐까도 싶다.

이에 대한 답은 간단명료하다. 마음을 벗어나기만 하면 해결된다. 마음으로 사는 것만 포기하면, 잃었던 삶의 맛은 저절로 돌아온다.

땀 흘려 일하는 맛, 아이와 함께하는 맛, 집중해서 공부하는 맛, 활기차게 운동하는 맛, 신나게 어울리는 맛, 오순도순 함께 사는 맛, 성숙한 어른이 되어 가는 맛, 지혜가 열려 물음이 줄어드는 맛, 자연으로 자연스럽게 사는 맛 등…….

아무튼, 철듦과 정신 차림은 그리 거창하지도, 어렵지도, 대단하지도 않다는 결론이다. 단지, 철듦과 정신 차림은 잃었던 삶의 맛을 되찾는 것일 뿐이라는 사실이다.

'똑! 똑!' 해야 어른이다

'똑! 똑!' 해야 어른이다.

애착 졸업식 : 나는 애가 아니다.
어른 선언식 : 나는 어른이다.
인연 해단식 : 나는 나, 너는 너.

의식은 언제나 지금 여기에 있어야 한다. 이래야 살아있는 것이고, 정신 차림이다. 그러나 대부분은 의식이 마음에 들어가 있다. 그러고는 마음과 동체가 되어 마음을 나로 삼아 산다. 이런 상태에서는 아무리 나이를 먹어도 어른이 못 된다. 그저 나이만 먹은 사람일 뿐이다.

책상을 두드리면 '똑! 똑!' 소리가 난다. 이 들려오는 소리가 의식되면 바로 지금 여기다. 이렇게 똑똑하게 살아있어야 어른이다. 똑똑하게 마음과 이별한 상태여야 어른이다. 똑똑하게 삶의 맛을 알아야 어른이다.

나이를 먹었으나 똑똑하지 못하여 마음의 병에 시달리는, 나이만 많이 먹은 철부지가 많다. 마음 없음을 알고 똑똑한 어른이 되었으면 한다. 어른은 '똑! 똑!' 말고도 몇 가지의 의식이 더 필요하다. 이 의식은 마음의 병을 벗어나는 것에도 확실한 효과가 있다.

첫째, 애착 졸업식이다. 어린 시절 애착 형성에 장애가 있던 사람은 나이를 먹어도 애착의 젖을 못 떼고 힘들어한다. 이 경우 애착 졸업식을 통해 이를 정리할 필요가 있다. '나는 애가 아니다.' 한마디면 쉽게 애착 졸업이 가능하다.

둘째, 어른 선언식이다. 어른의 기준은 없다. 그저 어른임을 외치는 순간, 바로 어른이 된다. '나는 어른이다.' 어른은 이렇게 스스로 선언하는 것으로 시작된다. 어른이 되었으니, 이제부터는 어른 노릇만 하면 된다.

셋째, 인연 해단식이다. 어른의 덕목은 어른 대접을 요구하거나 나이를 먹은 꼰대 노릇이 아니다. 어른은 가까운 인연을 자유롭게 놓아(방생)주는 아량이 필요하다. 외쳐보자. '나는 나, 너는 너.' 진정 서로를 살리는 외침이다.

마음을 다하다

일하는 데 있어서
마음을 다해서 하게 되면 후회가 남는다.

일은 자연스럽게 순리에 따라서 해야
회한이 없고 조화롭다.

　일하는 데 있어 마음을 다하게 되면 후회가 남는다. 왜냐하면, 마음은 인정을 받고자 하는 욕구와 성취감에 대한 기대심리가 강하기 때문이다. 그러므로 온 마음을 다해서 일하게 되면 마음을 다해서 했다고 하는 기억을 강하게 간직한다. 더불어 이에 상응하는 결과와 반응을 강하게 요구하게 된다.
　그러나 마음 세상은 상대적인 인연법의 세상이다. 결코, 내 마음대로 움직이지 않는 것이 마음 세상이다. 결과에 따라서 심하게 상처가 날 수도 있다. 마음을 풀어낸 만큼 후회도 비례하여 동반될 것이 뻔하다.
　일은 자연스럽게 순리에 따라 해야 회한이 없고 조화롭다. 자연스러운 것은 마음이 없어 정신을 차린 것이고, 순리는 마음을 벗어나 지금 여기에 있는 것이다. 마음에 묶이지 않아서 자연스럽고, 마음을 벗어났으니 자연스럽고, 마음이 없어 하나 되니 자연스러울 수밖에 없다. 일 처리는 이렇게 하는 것이다.

한마음

> 한마음은 자연심이다.
> 각자가 마음이 없어야 한마음이다.
> 정신을 차린 지금 여기가 한마음이다.

흔히들 한마음이 되어야 한다고들 말한다. 마음이 서로 달라 불협화음이 일고 있어 이를 해결했으면 하는 것이다. 이러한 문제는 인간이 살아가는 모든 곳에서 일어나고 있다. 가정에서, 일터에서, 학교에서, 사회에서, 조직에서…….

그러나 한마음은 자연의 마음이라서 한마음을 강조한다고 해서, 되는 것이 아니다. 이런 방법은 일시적으로 불협화음이 해소되는 듯이 하다가도 금세 본래의 모습으로 돌아가 버리기 일쑤다.

한마음은 자연심이다. 자연의 마음이다. 자연은 전체이고 하나여서 오직 한마음뿐이다. 그러나 그 마음 또한 순리여서 마음이라는 마음조차 없다. 그래서 무심이라고 하는 것이다. 이렇듯 자연에는 마음이 존재하지 않는다. 너와 내가 없으니 당연하다. 그러므로 우리가 추구하는 한마음은 각자의 마음이 없어야 하는 이치에 이르러야 가능한 것이다. 그렇지 않으면 한마음은 그저 대답 없는 메아리일 수밖에 없다.

지금 여기, 정신을 차리고 철이 든 사람만이 마음이 없다는 것을 안다. 지금 여기가 한마음임을 안다. 너와 내가 없어 분별이 없는 이곳, 영원히 살아 숨 쉬는 이곳, 순리의 이치만이 존재하는 이곳이 진정한 한마음의 자리라는 것을.

내 삶의 마지막 날

　내 삶의 마지막 날이다. 호스피스 병상 위에 누워서 꼼짝 못 하는 상태다. 호흡기에 의지하여 힘겹게 숨 쉬고 있다. 기적이 일어났다. 고스란히 하루를 살 수 있는 티켓이 주어졌다. 그것도 가장 왕성하게 활동하던 그때의 그 모습으로 돌아가서 시작하는 하루다. 몸서리치고 싶을 정도로 바라고 바라던, 그 무엇과도 바꿀 수 없는 하루다.

　오늘이 그 하루다. 오늘 하루, 당신은 어떻게 보내겠는가? 지나온 어제와 같게 살고 싶은가? 채우고, 시비하고, 걱정하고, 탓하고, 화내고, 행복 찾고, 발버둥 치고, 허둥대고, 노후 걱정하고, 자식 걱정하고, 부부 갈등하고, 노심초사하고…….

　우리의 매일매일은 우리에게 주어진 소중하고 소중한 마지막 그 하루다. 오늘을 소중하고 행복하게 맞이한 사람에게는 내일, 또 그 하루가 찾아오는 법이다. 매일매일을 소중하게 맞이하는 그런 사람이어야 한다. 지금 여기 이 순간은 참으로 가슴 저리게 소중하고 아까운 시간이다. 언제나 마음 없이 행복만 했으면 좋겠다.

우울증에서 벗어나는 꿀팁

마음은 내가 아니다. 마음은 세상에 존재하지 않는, 착각에서 비롯된 영화의 한 장면일 뿐이다. 우리는 이 마음을 나로 착각하여 마음과 나를 동일시하며 살고 있다.

우울증은 마음의 병으로서 마음이 우울감에 갇혀 버린 상태다. 몸과 주변 상황이 우울한 것이 아니라, 마음이 우울한 것이다. 그러니 나와는 상관없는 상태일 뿐, 나와는 별개라고 인식해야 한다. 그렇지 않고 의식이 마음속에 들어가게 되면 우울하다는 마음과 동일시되면서 스텝이 꼬여 정신줄을 놓는다.

"정신 차린다, 철들다, 깨닫는다"라는 말은, 의식(정신)을 오롯이 '지금 여기'에 두는 것을 의미한다. 세상은 언제나 '지금 여기'밖에 없다. 그러므로 나의 의식(영혼) 또한 언제나 '지금 여기'와 일치된 상태여야 마땅하다.

따라서 우울증은 마음속에 들어가 있는 의식을 정신 차려 나오게 하는 것이 최상이다. '똑! 똑!' 문을 두드려 보자. 들려오는 소리를 의식하는 순간, 바로 '지금 여기'의 세상이 펼쳐진다. '지금 여기, 이 순간' 우울증에 시달리는 마음은 더는 존재하지 않는다.

마음, 파헤치다(1)

　사랑한다는 말은 사람과 사람이 만나서 나누는 교감인 것 같지만, 실제로는 마음과 마음의 만남이다. 사람의 마음은 복잡하고, 혼란스럽고, 어지럽다. 그러므로 사랑도 복잡하고, 혼란스럽고, 어지럽게 펼쳐진다.
　사람은 자연이다. 그 자연은 본래부터 마음이 없어 하나다. 복잡하지도, 혼란스럽지도, 어지럽지도 않다. 모든 것이 자연스럽게 흐른다. 물같이, 바람같이, 구름같이 자유롭다.

　마음이 없다는 것을 인정하고, 마음을 가지고 사는 것을 포기하고, 자연을 믿고 자연스럽게 사는 사람이 '나'가 없는 진짜로 철든 사람이다. 이렇게 철든 사람과 철든 사람이 만나서 나누는 교감이 진짜 사랑이 아닐까 한다.
　온갖 미사여구와 기교를 부려 사랑한다고 한들 복잡하고, 혼란스럽고, 어지러운 그것에서 벗어날 수는 없다. 그 사랑은 말이 사랑이고, 글자가 사랑일 뿐이다. 진짜로 사랑한다면, 진짜로 사랑을 베풀려거든, 마음 없는 '나'부터 찾을 일이다.

마음, 파헤치다(2)

아무리 영화가 좋다고, 멋지다고, 화려하다고, 이상향이라고 하더라도 영화 속으로 들어갈 수는 없다. 설령, 그 속에 들어가서 산다고 해도 그 삶은 진짜가 될 수 없다. 이것은 영화가 실재하지 않는, 잠시 잠깐의 영상이기 때문이다. 이렇듯 영화가 만들어 내는 영상물은 한순간의 흥미만 있을 뿐, 아무런 가치가 없다. 이것이 영화의 실체다.

마음도 이와 다르지가 않다. 다른 것이 있다면 영화는 다른 사람과 공유해서 볼 수 있지만, 마음은 다른 사람은 보여줄 수 없는 '나' 혼자만의 영화라는 것이다. 작가도, 감독도, 주연도, 편집자도, 관객도 오직 '나' 혼자다. 영화의 영상물이 아무런 가치가 없는 것처럼 마음의 영상물 또한 가치를 가질 수 없기는 마찬가지다. 이처럼 마음은, 세상에는 실재하지 않는 착각이 빚어낸 허상이다.

마음은 존재하지 않는, 실재하지 않는, 착각이 만든 가짜 영상물에 지나지 않는다. 그런데도 우리의 삶은 언제나 마음을 중심 삼고 있다. 나만의 '마음 세상'을 만들어 살고 있으며, 항상 '마음의 병'에 시달리고 있다. 나만의 기준 잣대로 세상을 심판하고 있다. '지금 여기의 세상'을 살지 못하고 마음으로, 마음을 위해, 마음에 따라 헛된 꿈만을 좇다가 생을 마감하게 된다.

'저는 이제부터 영화 속을 나와 세상에서만 살겠습니다. 영화는 그만 찍고 자유롭게 살겠습니다. 아무리 휘황찬란한 영화라도 절대로 현혹되지 않겠습니다. 정신 바짝 차려서 제대로 듣고, 보고, 움직이고, 숨 쉬고 살겠습니다.' 되뇌며 깨달을 일이다. 마음, 아니 영화!!! 이젠 굿바이~

철이 들면

철이 들면 하나다. 자연으로 숨을 쉬고, 자연으로 보고, 자연으로 말하고, 자연으로 움직이며, 자연스럽게 자연의 삶을 누리게 된다.

지극하게, 숭고하게, 나이를 먹어야 한다. 나이가 든다는 것은 자연의 순리에 따라 곡식이 익어 열매를 맺듯 성숙해지는 것이다. 마음에 따라, 마음으로, 마음을 위해 사는 것을 포기하는 것이다.

자연의 삶이 행복할까? 마음으로 사는 것이 행복할까? 순리의 자연이 잘살까? 고집의 내 마음이 잘살까?

답은 지혜로운, 욕심이 없는, 마음이 없음을 인정한 사람만이 가질 수 있다. 오늘도 자연으로 행복만 하자.

글을 마치며

'한마음'이란? 마음이 하나라는 말이다. 한마음이 강조되는 것을 종종 마주한다. 이 말에서는, 마음이 제각각이어서 부딪침과 문제들이 일어나고 있다는 것이 감지된다. 한마음이 되면 불협화음이 없어지리라는 희망 사항이 담겨 있다.

우리 삶에는 마음이 제각각이어서 일어나는 문제들이 부지기수로 많다. 가정, 직장, 학교, 사회, 국가 등 삶의 전반에 걸쳐 마음이 벌여 놓은 불협화음이 팽배해 있다. 곳곳에서 갈등이 빚어지고 있다. 갈등은 마음과 마음의 충돌이다. 충돌 규모가 작으면 다툼이고, 그 규모가 커지면 전쟁이다.

갈등은 일상이 되었다. 애써 갈등을 무시하거나 외면하는 지경에 이르렀다. 급기야 갈등 불감증에 처했다. 이런 상황을 당연하게 여기고 있다. 물음표가 없다. 왜 이러고 있는가에 대하여 궁금해하지도 않는다. 작금의 인간사는 마음이 벌여 놓은 결과물이다. 마음은 진화와 진화를 거듭하며 마음 세상을 꽃피우고 있다. 인간으로부터 자연성을 빼앗은 마음은 인간에게 마음의 굴레라는 멍에를 짊어지게 했다. 멍에를 짊어진 인간이라는 짐승은 마음의 밭을 일궈 영토를 넓히는 일에 열과 성을 다하고 있다. 부여된 임무에 대하여 이의를 제기하거나 거부하지도 않는다.

물음표가 없는 것은 물론이거니와, 반론을 제기하지도 않고 거부하지도 않는다는 사실이 무척이나 의아했다. 한마음이 되면 모든 것이 해결되는지에 대해서도 의문이 들기 시작했다. 태어남과 죽음이 궁금했다. 삶의 정체성과 목적에 대한 갈증은 더욱더 심해졌다.

철학의 길도, 종교의 길도, 사상의 길도, 깨달음의 길도, 길다운 길은 아니었다. 이것들은 그저 문득문득 바늘구멍을 통해서 바라본 진리의 세상을 읊조리는 것일 뿐, 별다른 해답은 가져다주지를 못했다. 이들이 말하고 있는 것은 흩어진 퍼즐의 조각처럼 겉돌기만 했다. 이렇게 목마름에 지쳐 갈 즈음, 가뭄의 단비처럼 길이 열렸다. 퍼즐이 하나씩 맞춰지기 시작했다. 마지막 퍼즐이 맞춰지자 바다가 갈라져 길이 열리듯 지혜가 쏟아졌다.

'마음은 없다', '세상에는 마음이 존재하지 않는다', '마음은 의식의 착각이 일으킨 허상이다' 등 다른 말이 필요 없었다. 정신 차림이었다. 깨달음이었다. 철이 드는 일이었다. 이렇게 철들어 어른으로 사는 것이 답이었다. 철이 든 어른의 삶, '철듦'이라 이름을 붙였다. 철듦은 이렇게 세상에 드러났.

한마음의 다른 말은 '지금 여기 세상'이다. 마음이 없으면 지금 여기만이 고스란히 드러난다. 지금 여기의 세상은 하나다. 하나의 공간, 하나의 생명, 하나의 이치가 전체를 이룬다. 둘일 수도 없고, 둘인 적도 없다. 오직 하나다.

철듦은 '나 없음'에서 출발한다. 마음을 나로 알고 살던 내가 없어야 철이 든다. 마음을 나로 알고 사는 나는 없다. 나 없음은 정신 차림에서 시작된다. 정신 차림은 마음에 묶인 의식을 깨우는 것이다. 의식의 착각이 벗겨지면 깨달음이다. 세상은 지금 여기뿐임을 깨우치는 것이 지혜다.

'한마음'은 '나 없음'이다. 내가 없으면 갈등은 없다. 부딪침과 문제들도 일어나지 않는다. 모두가 철들면 좋겠다. 더는 세상에 마음의 영토가 나타나지 않았으면 좋겠다. 철듦으로 마음의 뿌리가 뽑히길 고대한다. 모두 하나가 되어 세상의 모든 불협화음이 사라지는 그날을 기대해 본다.

출간후기

"마음 없이, 철들며 살아간다는 것"

권선복 | 도서출판 행복에너지 대표이사

우리는 흔히 "마음먹기에 달렸다"라는 말을 합니다. 그런데 정작 마음이 무엇인지, 어떻게 마음을 먹어야 하는 것인지에 대한 대답은 아무도 정확히 말해주지 않습니다. 수많은 자기계발서, 철학서, 종교적 가르침들이 저마다 '마음의 길'을 제시하고는 있지만, 어느 순간 독자들은 더 큰 혼란을 겪곤 합니다.

저자는 바로 그 지점에서 이 책의 서술을 시작합니다. 익숙하지만 누구도 깊이 들여다보지 않았던 단어 '철듦'을 통해서 말입니다. 저자가 강조하는 '철듦'은 비판이나 부정의 언어가 아닙니다. 그것은 삶을 있는 그대로 받아들이기 위한 정신의 준비이고, 마음을 벗어나 '지금 여기'를 살아가기 위한 실천입니다.

누구나 살면서 한 번쯤, "정신 좀 차려라, 철 좀 들어라."하는 말을 들어 봤을 것입니다. 너무 익숙해서 별생각 없이 흘려듣기만 했지, 그 말 안에 삶을 꿰뚫는 본질이 있다는 것은 미처 몰랐습니다. 『철듦의 지혜로 마음 없이 자연스럽게』는 그 익숙한 말의 진짜 의미를 되묻는 책입니다. 어찌 보면 그간 우리가 외면해 왔던 '진짜 삶'에 대해 가장 정직한 질문을 던지는 책이기도 합니다.

철학은 때로 어려운 말로 진리를 감춥니다. 그러나 『철듦의 지혜로 마음 없이 자연스럽게』는 그 반대의 길을 택합니다. 저자는 굳이 진리를 숨기지 않습니다. 드러냅니다. 설명하려 들지 않고 보여줍니다. 그것도 우리가 이미 알고 있었던 언어, 이미 지나쳐온 삶의 흔적을 되짚으면서 말입니다. 그런 점에서 이 책은 모든 독자에게 열려 있습니다. 철학 전공자가 아니어도, 수행자가 아니어도 누구나 '철들기'를 시작할 수 있도록 돕습니다.

출간을 준비하는 동안 삶이라는 지도에서 길을 잃은 수많은 이들이 떠오릅니다. 『철듦으로 마음 없이 자연스럽게』는 그런 이들에게 새로운 내비게이션이 되어주리라 믿습니다. 이 책을 통해 많은 분들이 익숙한 혼란을 내려놓고, 생경하지만 진실된 고요에 다가가길 바랍니다. 아무쪼록 모두가 철든 삶에 다가서길 진심으로 응원하며, 여러분의 삶에 늘 행복과 긍정의 에너지가 팡! 팡! 팡! 샘솟기를 소망합니다.

좋은 **원고**나 **출판 기획**이 있으신 분은 언제든지 **행복에너지**의 문을 두드려 주시기 바랍니다.
ksbdata@hanmail.net   www.happybook.or.kr   문의 ☎ 010-3267-6277

'행복에너지'의 해피 대한민국 프로젝트!

〈모교 책 보내기 운동〉 〈군부대 책 보내기 운동〉

한 권의 책은 한 사람의 인생을 바꾸는 힘을 가지고 있습니다. 한 사람의 인생이 바뀌면 한 나라의 국운이 바뀝니다. 그럼에도 불구하고 많은 학교의 도서관이 가난하며 나라를 지키는 군인들은 사회와 단절되어 자기계발을 하기 어렵습니다. 저희 행복에너지에서는 베스트셀러와 각종 기관에서 우수도서로 선정된 도서를 중심으로 〈모교 책 보내기 운동〉과 〈군부대 책 보내기 운동〉을 펼치고 있습니다. 책을 제공해 주시면 수요기관에서 감사장과 함께 기부금 영수증을 받을 수 있어 좋은 일에 따르는 적절한 세액 공제의 혜택도 뒤따르게 됩니다. 대한민국의 미래, 젊은이들에게 좋은 책을 보내주십시오. 독자 여러분의 자랑스러운 모교와 군부대에 보내진 한 권의 책은 더 크게 성장할 대한민국의 발판이 될 것입니다.

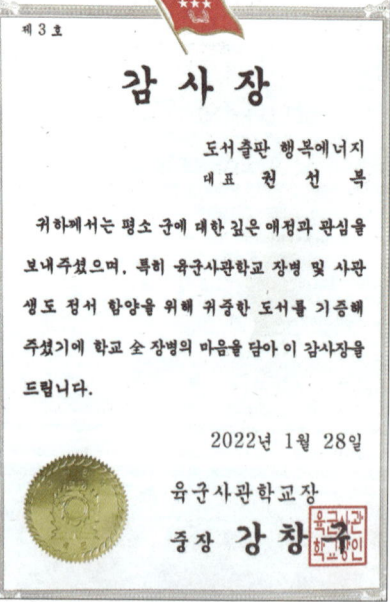